KB098584

고대 그리스

첫단추 시리즈
033

고대 그리스

폴 카틀리지 지음
이상덕 옮김

교유서가

머리말

    스페인 남부로부터 현재의 조지아에 해당하는 흑해 연안까지 아우르며 거의 1000개에 이르렀던, 그리고 시기에 따라서는 종종 매우 이질적이었던 정체(政體)들의 집합적 문명 혹은 문화인 '고대 그리스'를 짧은 책 한 권에 온전히 담아내기란 매우 어렵다. (2008년에 케임브리지 피츠윌리엄 박물관은 조지아의 바니Vani에 있는 무덤들에서 출토된 매우 섬세한 유물을 선보였는데, 대부분 그리스산인 이 유물들의 전시는 박물관에 소장된 흑해 연안 전역의 동전 전시와 더불어 진행되었다.)

    본서에는 얼른 찾아보기 쉽게 인명사전과 용어사전, 연표를 수록하였으며 그리스어 이름과 단어 표기 원칙, 그리스 통화와 거리 단위 설명을 덧붙였다. 나는 또한 독자들에게 『사진과 그림으로 보는 케임브리지 고대 그리스사The Cambridge Illustrated History of Ancient Greece』를 추천한다. 이 책은 주제별 접근에 연대기적·사회적·경제적·종교적 접근을 접목시키고 문화적 접근에 정치적·군사적·외교사적 접근을 접목시켰으나 본서처럼 기차나 버스, 비행기에서 쉽게 꺼내 볼 만한 책은 아니다. 내가 본서를 집필할 때 이 책을 참고하였듯이 독자들도 본서를 읽을 때 이 책을 참고하였으면 한다.

차례

· 머리말 005
· 그리스어 이름과 단어 표기 원칙 008
· 고대 그리스의 통화와 거리 단위 010

1. 서론 -- 015

2. 크노소스 -------------------------------------- 025

3. 미케나이 -------------------------------------- 037

4. 아르고스 -------------------------------------- 049

5. 밀레토스 -------------------------------------- 061

6. 마살리아 -------------------------------------- 079

7. 스파르테 -------------------------------------- 091

8. 아테나이 -------------------------------------- 109

9. 시라쿠사이 ------------------------------------ 135

10. 테바이 --------------------------------------- 155

11. 알렉산드리아 --------------------------------- 169

12. 비잔티온 ------------------------------------- 191

13. 에필로그 ------------------------------------- 203

· 부록: 범헬레네스 성소 219   · 용어사전 265
· 독서안내 233   · 역자 후기 271
· 연표 245   · 도판 목록 277
· 인명사전 253   · 지도 목록 278

그리스어 이름과 단어 표기 원칙

나는 고대 그리스어 이름과 단어를 영어식으로 표기하기보다 그리스어 발음대로 음역(音譯)하는 것을 선호하는 경향이 있다. 그럼에도 불구하고 Aiskhulos나 Thoukudides가 아니라 아이스킬로스(Aeschylus)나 투키디데스(Thucydides)라고 표기한다. 이 책에서 나는 그리스어 발음을 철저하게 음역하기보다는 융통성 있게, 어쩌면 일관되지 않게 옮기는 쪽을 선택하였다. 이는 진정한 영국식 타협(혹은 혼동)이라고 하겠다. 따라서 예를 들면 그리스어식으로 Knossos나 라틴어식으로 Cnossus보다는 크노소스(Cnossos)라고 쓰는 쪽을 선택했다. 그러나 한 가지 예외는 도시 이름인 비잔티온(Byzantion)이다. 영어식 표기이자 라틴어 명칭인 비잔티움(Byzantium, 이 책에서는 비잔틴 문명 혹은 그 시대를 가리킨다)과 혼동되지 않도록 사용한 것이다. (한편 도시 이름으로서의 Byzantion은 콘스탄티노폴리스Konstantinoupolis라는 이름이 선호됨에 따라 쓰이지 않게 되었다.) 음역한 단어의 'e'나 'o' 위에 곡절악센트(circumflex)가 표시된 것은 특히 음역이 혼동을 일으킬 수 있는 경우로, 그 모음이 길다는 것, 그리스인들의 표현에 의하면 '크다'는 것을 의미한다. omicron = (문자 그대로) 작은 'o', ômega = 큰 'o'. 그리스어의 짧은 'e'인 엡실론(epsilon)은 "가벼운 'e'"를 뜻했다. 긴 'e'는 에타(êta)라고 했다.

고대 그리스의 통화와 거리 단위

통화

6오볼로스(obol) = 1드라크마(drachma)

2드라크마 = 1스타테르(statêr, '균형'을 뜻한다)

100드라크마 = 1미나(mina, 바빌로니아어에 어원이 있다)

60미나 = 1탈란톤(talent, 역시 바빌로니아어에 어원이 있다)

첫째, 기원전 7세기 말부터 금·은 합금이나 금·은·동으로 주조된 주화의 가치는 그 무게에 비례했지만, 각 도시들이 서로 다른 단위 기준을 사용하였고 그나마도 대개 다른 도시가 제정한 것을 따르고 있었음을 기억하자. 둘째, 고대의 무게/가치를 현재 환율로 직접 환산할 수는 없지만 기원전 5~4세기에 숙련 기술자의 일당이 1~2.5드라크마였다는 사실, 그리고 기원전 390~320년에 숙련공의 일당과 아테나이가 회의에 참석한 시민에게 지급한 금액이 비슷했다는 사실을 알면 도움이 될 것이다. 기원전 5세기 말 아테나이 4인 가족의 하루 생활비는 2.5~6오볼로스 정도였다. 셋째, 기원전 6세기 말에는 콜로폰(Colophon)과 아이기나(Aegina), 멘데(Mende), 압데라(Abdera)의 주조원에서 만든 잔돈(은화 오볼로스의 하위 단위)이 사용되었다. 이는 도자기를 사거나 법정 벌금을 내는 데, 혹은 종교제의에 입회비를 내는 데 사용할 수 있었다. 훨씬 가치가 낮은 동화는 기원전 5세기 말이 되어서야 대량 생산되었다. 이 시기에 이르자 그리스 세계에서 금화가 주조되는 것은 위기 상황으로 인식되었는데, 페르시아에서 금화가 계속 상업에 사용되었고 강력한 외교·상업 도구였던 것과 극명한 대조를 이룬다.

거리

1스타디온 = 600피트, 약 200미터(실제는 대체로 이보다 짧다. 예를 들어 올림피아에서는 약 192미터 정도였다.)

다시 말하지만 각 도시들은 기본 단위를 서로 다르게 계산하였다.

지도 1. 그리스와 에게해

압데라

타소스

사모트라케

임브로스

렘노스

아비도스

페린토스

비잔티온

칼케돈

프 로 폰 티 스

세스토스

람프사코스

키지코스

헬레스폰토스

엘라에오스

아비도스

시게이온

트로이

테네도스

아소스

가르가라

미틸레네

페르가몬

에레소스

카이코스

레스보스

필라네

키메

프사라

포카이아

키오스

헤르모스

스미르나

사르디스

리 디 아

키오스

에리트라이

클라조메나이

테오스

콜로폰

카이스테로스

레베도스

안드로스

사모스

에페소스

마이안드로스

테노스

이카리아

마그네시아

미코노스

사모스

밀레토스

델로스

리디마

카 리 아

파로스

낙소스

민도스

시프노스

아모르고스

할리카르나소스

코스

테라

크니도스

아나페

이알리소스

로도스

크산토스

카미로스

로도스

린도스

제 I 장

서론

폴리스는 그리스식 도시국가다. 1000개가 넘는 폴리스의 네트
워크는 지리적으로나 인구학적으로나 세계사에서 가장 큰 도시
국가 문화를 형성한다.
— 모겐스 헤르만 한센, 『폴리스』, 146쪽

발췌보다도 개요에 가까운 이 얇은 책의 목적은 고대 그리
스 문명사라는 복잡하고 다양하며 도전적인 주제를 단순화하
거나 단조로워지는 함정에 빠지지 않고 어렵지 않으면서도
고무적으로 소개하는 데 있다. 내가 인식하는 그리스 역사와
문명은 인종적·시대적으로 매우 광범위하여 기원전 1400년
경 크노소스에서 발견된 첫 그리스어 문서부터 기원전 330년

경 콘스탄티노폴리스(이전의 비잔티온)를 기반으로 한 비잔티움 제국(여기서는 '고대 이후 시기post-Ancient'를 뜻한다) 설립까지를 아우른다.

흑해부터 스페인까지 포괄하는 이 넓은 세계와 긴 시간을 얇은 책 한 권으로 다루기 위해 나는 이 책을 11개의 그리스 도시들로 구성해보았다. 이 도시들의 역사는 그리스 세계를 가장 잘 설명하는 중요한 주제들을 조명하는 데 다양하게 활용될 수 있다. 여기서 말하는 주제들이란 정치, 교역, 교통, 노예, 성, 종교, 철학, 역사, 주요 인물들의 역할 등을 포함한다. 나는 또한 고대 그리스의 역사가 (있다면) 어떻게 형성되었는지에 주목할 것이다. 다시 말해 동시대의 것이든 아니든 문헌 정보이든 아니든 현존하는 자료의 특성이 무엇인지, 또 전문 학자들과 작가들이 이 자료를 어떻게 사용해왔고 사용할 수 있었으며 가장 잘 사용할 수 있을지에 주목한다는 것이다.

'고대 그리스'를 더 분명히 표현하자면 도시의 문명이라고 하겠다. 영어로 문명(civilization)은 공동체(community)를 뜻하는 라틴어 '키비타스(civitas)'에서 유래했으며 도시(city) 역시 이 말에서 유래하였다. 하지만 그렇다고 해서 로마인이 도시의 문명, 즉 문화의 도시화(citification)를 처음으로 발전시켰던 것은 아니다. 이들에 앞서 그리스인, 이탈리아의 에트루리아인, 현재의 레바논에 살았던 페니키아인이 있었다. 사실 '도시'라는 개념을 느슨하게 적용한다면, 도시화라는 맥락에서 문명의 기원은 기원전 4000~3000년 (현재 이라크 지역인) 메소포타미아의 두 강 사이에 있던 문명들로까지 거슬러올라갈 수 있다. 그러나 나는 '도시' 개념에 양적 의미와 함께 질적 의미를 부여하고자 한다. 즉, 도시가 역동적으로 도심과 외곽을 아우르는 일종의 자치적인 지정학적 공간이어야 한다는 것이다.

'도시'를 어떻게 정의하느냐에 따라 오늘날 세계 인구의 절반 이상이 도시에 살고 있다고도 할 수 있다. 실제로 도쿄나 뉴욕 같은 거대도시의 GDP는 (스페인이나 캐나다 같은) 한 국가 전체의 그것과 맞먹는다. 내가 생각하는 고대 그리스 세계는 정반대 경우라고 할 수 있으며, 일반적으로 인구의 최대 90퍼센트가 도시라고 이름 지을 수 있는 공간과 반대되는 외곽에 살고 있었다. 다시 말하자면 어떻게 보더라도 결코 모든 그리스인들이 도시에 산 것은 아니었다. 심지어 투키디데스는 도시화가 고도로 진행된 기원전 5세기 아테나이에서도 아테나이인 대부분은 시골에 살고 있었다고 전한다. 그러나 고대 그리스 역사 14세기 중 이 책에서 다루는 10세기 동안 그리스인들의 사회적 공존방식을 정의하는 특성은 그들이 폴리스(polis)라고 불렀던 것에 있다. 이는 내가 이 책을 11개의 그리스 도시들을 통해 서술하고자 한 이유이기도 하다. 아리스토텔레스가 저서 『정치학』(즉 '폴리스와 관계된 것들')에서 한 유명한 말처럼 사람(인류)은 '정치적 동물'로서, 엄밀히 말하자면 본능적으로 자신의 가능성을 (오직) 폴리스의 정치적 틀 안에서 실현하도록 되어 있는 생물이다.

　실제로 폴리스는 고대 그리스어 문헌에 가장 자주 등장하는 명사 중 하나다. 가장 자주 사용되는 그리스 단어 2000개 중 39위를 차지하며 아네르(aner, 남자)나 테오스(theos, 신) 같은 말보다 많이 사용되었다. 이 말에는 최대 네 가지의 다른 의미가 있는데 그중 두 가지인 '도시'('도시의 중심지'라는 의미에서)와 '도시국가'가 가장 중요하다. 내가 이 프로젝트에서 집중한 것은, 인구 대부분이 도시나 중심지가 아닌 시골이나 마을(코라khora 혹은 외곽)에 살고 있었다 하더라도 고대 헬레니즘을 활발하게 움직였던 사람들은 폴리스(최선의 번역어는 '도시국가'일 것이다)라는 정치 공동체의 명실상부한 일원이었다는 점이다. 또한 집합적인 자치정부가 결정적으로 나타난 곳 역시 더 정치적 의미에서의 도심이었다는 점이다. 우리는 그리스의 폴리스에서 '정치'와 그 유사한 것들을 도출해내게 된다. 그리스의 오랜 특질을 보여주는 귀족정, 과두정, 참주정, (그리고 마지막이지만 절대 중요하지 않은 것은 아닌) 민주정 등의 주요 용어들을 만들어낸 것은 그리스 문명의 이러한 특징이었다.

처음부터 분명히 해둘 것이 있다. 고대에 '그리스'라는 도시 국가는 없었다. 다만 그리스 도시들과 여타 공동체들이 종교적이라 할 수 있는 방식을 통해 표현된 공통 문화로 연결되어 있었다. 그리스는 물론이고 전 세계에서 최초의 역사가라고 불릴 만한 헤로도토스는 아테나이 웅변가들의 입을 통해 '그리스다움'을 정의했다. 즉, 기원전 480/479년 겨울, 그리스인들과 '이방인'(비그리스인) 페르시아인들 사이에 결정적 싸움이 벌어진 중요한 시점에 아테나이 사절단은 스파르테를 비롯한 동맹국들에 다음과 같이 말했다.

……아테나이인들이 그리스인들을 배신하는 것은 적합하지 않은 일입니다. 우리는 그들과 한 핏줄이고 같은 언어를 사용하며, 그들과 함께 신전들을 세웠고 신들에게 희생제사도 지내는데다 같은 생활방식으로 연결되어 있기 때문입니다.

(헤로도토스, 『역사』, 8.144)

헤로도토스가 창작해낸 이 연설은 정치적 행위에서 거의 실현된 적 없는 통일성을 암시하고 있다(문화적 행위는 또다르다). '범헬레네스' 정체성을 정의하는 데 정치적 통일성이 빠져 있다는 것에는 매우 큰 의미가 있다. 그리스 문명에 특징적 정체성을 부여하는 것은 민족국가의 부재, 좀더 긍정적으로 표현한다면 그리스 폴리스들의 개별적인 면모다. 이 책의 각 장에서 왜 서로 다른 폴리스들이 생겨났는지, 그리고 이들이 이전의 도시들과는 어떻게 달랐는지 구체적으로 살펴볼 것이다.

기원전 500년부터 기원후 300년까지 폴리스라고 부를 수 있는 도시는 약 1000개가 있었다. 이는 모겐스 헤르만 한센이 이끄는 코펜하겐 폴리스 센터에서 10여 년간 진행해온 연구를 통해 확인된 사실이다. 이 1000개의 도시 중 단 11개만을 고르는 일은 가히 라다만티스(Rhadamanthys: 제우스와 에우로파의 아들이자 미노스의 동생, 2장 참조)의 도움을 필요로 하는 것이었다. 나는 그리스의 섬에 있는 도시이든 섬 자체가 폴리스든 섬 지역의 도시를 포괄하고 싶었고 결국 크레테섬에 있는 크노소스를 선택하였다. 또한 에게해 그리스의 중심, 혹은 그리스 중심부에 위치한 주요 지역들도 포괄하고 싶었다. 그래서 펠로폰네소스반도 혹은 '펠롭스(Pelops)의 섬'에서 셋(미케나이, 아르고스, 스파르테), 그리스 중부에서 둘(아테나이, 테바이Thebes), '동방의 그리스' 즉 아나톨리아 혹은 '소아시아'라고 알려져 있던 지역에서 하나(밀레토스), 그리고 동서를 아우르는 유라시아 도시 비잔티온(이후 콘스탄티노폴리스가 되었고 현재는 이스탄불)을 선택하였다. 또한 그리스의 '식민시'를 제대로 다루는 것이 중요했으므로 (동방 그리스의 도시가 건설한) 마살리아, 즉 현재의 마르세유와 (중앙 그리스의 도시가 건설한) 비잔티온을 선택하였다. 사실 이들은 우리가 생각하는 '식민지'는 아니지만(그리스어 아포이키아apoikia는 '집에서 나온 집'이라는 뜻이다) 관용 표현으로서 이 말을 사용하기로 한다. 마지막으로 알렉산드로스대왕의 정복으로 탄생했으며 내가 가장 좋아하는 현대 그리스 시인 C. P. 카바피가 19세기 말에서 20세기 초에 찬양한 탈고전기의 새로운 '헬레니즘' 세계를 대표할 도시를 선택해야 했다. 그렇다면 알렉산드로스가 건설한 게 확실하고('알렉산드리아'라는 이름의 다른 도시들도 많지만 알렉산드로스가 세웠는지는 확실치 않다) 카바피가 태어난 이집트의 알렉산드리아보다 더 나은 선택이 있을 수 있을까?

물론 내게도 아쉬운 점이 있고 독자들도 그럴 것이라고 생각한다. 왜 그리스 본토에서 테바이 이북의 도시들은 누락되었는가(예를 들어 프로타고라스와 데모크리토스의 출신지 압데라는 왜 누락되었는가)? 마찬가지로 북해 연안(올비아)이나 북아프리카에서 알렉산드리아 서쪽, 즉 오늘날의 리비아 지역(키레네)은 왜 누락되었는가? 펠로폰네소스반도에서 코린토스, 메세네, 메갈로폴리스 등의 다른 도시들을 선택하면 안 되었는가? 더 많은 도시들이 포함될 수 있었지만 모두가 나름대로 누락된 이유가 있다. 가장 중요한 이유는 충분한, 혹은 동시대의 연속성 있는 자료가 부족했다는 점이다. 코린토스만이 시

라쿠사이의 모도시로서 잠깐 등장한다. 다른 몇몇 누락된 도
시들도 되도록 다양한 방법으로 언급하겠다.

제 2 장

크노소스

매번 오는 것은 크노소스의 배들, 배들, 배들이었다…….
— D. H. 로런스, 「그리스인들이 온다」

2008년 알렉산드로스 오나시스 공익재단의 미국지부는 맨해튼 중심 지구에 있는 본부에서 '유럽의 첫번째 궁전 문명: 기원전 3000~1100년 크레테 미노스 문명'이라는 제목으로 훌륭한 전시회를 열었다. 벽화 파편이나 보석, 다양한 재료로 만든 소형 조각상, 의례용 도자기와 제물, 인장, 도자기, 갖가지 도구, 음식을 준비하던 흔적, 글씨가 새겨진 서판 등 전시된 200점 이상의 유물은 충분히 이목을 끌 만했다. 내가 그리스 도시들 중 크노소스를 첫번째로 다루게 된 것은, (이 전시품 목록 끝에 있는) 크노소스 궁전에서 발견되었고 기원전 1400년경의 것으로 추정되는 '선형문자 B'로 새겨진 서판 3000~4000개 때문이다. 1952년에 건축가이자 아마추어 암호 해독가 마이클 벤트리스는 케임브리지 그리스사학자 존 채드윅의 도움을 받아, 우리에게 알려진 가장 오래된 형태의 그리스어(아직 해독되지 않은 에트루리아어 등과는 다르다)를 기록하기 위해 고안된 선형문자 B(이보다 앞서 사용된 선형문자 A는 아직 해독되지 않았다)의 세계를 열어주었다. 이를 통해 벤트리스와 채드윅은 그리스어의 역사를 그동안 알려진 것보다 500년 정도 확장했으며, 역사상 그리스 선사시대의 마지막 단계인 고고학상의 후기 청동기시대에 대해 완전히 새로운 의미를 부여했다.

전시회 제목도 역시 흥미로웠다. '첫번째'에 대한 그리스 전공자들의 집착이 크레테의 청동기시대를 느슨한 의미에서 '유럽의 첫번째 궁전 문명'으로 만들어버렸기 때문이다. 사실 크레테는 그리스와 북아프리카의 중간쯤에 위치하여 지리적으로 유럽 대륙이라고 볼 순 없지만 지중해 동부(현재의 근동·중동 지역)로부터 그리스, 이집트, 그리고 더 먼 서부로 통하는 교역과 이주의 통로라는 중요성 때문에 특별한 섬이다. 오늘날에도 이 섬은 동식물군과 미기후(microclimate)에 있어 유럽, 아프리카, 아시아의 중간적 특징을 보여 그리스 인접지역 중 가장 흥미로운 관광지다.

　직경 160킬로미터에 달하는(지중해에서 키프로스, 시킬리아, 사르데냐에 이어 네번째로 크다) 이 섬에 분포된 크노소스와 다른 네 도시에 있었던 첫번째 궁전들은 기원전 3000년보다는 기원전 2000년에 가깝지만, 크레테의 청동기 문명이 '궁전' 문명이었다는 데는 이견이 없다. 그러나 이 섬의 문명이 그리스다운 것이었음은 이 섬을 처음으로 발굴한 아서 에번스 경(1851~1941)이 한참 이후의 그리스 전설에 나오는 크레테 왕미노스의 이름을 따서 '미노스 문명'이라는 이름을 붙인 지 반세기 넘게 지나서야 벤트리스와 채드윅을 통해 확인되었다. 세계 최초의 역사가로 이름을 굳힌 헤로도토스는 미노스왕의 존재 자체를 의심하였다. 미노스왕은 신화와 전설의 세계인 인간 출현 이전 시대(pre-human)에 반대되는 개념으로서의 '인간시대'에 속하지 않았기 때문이다. 그러나 에번스는 부유하고 경쟁심이 강하며 적극적인 발굴자일 뿐만 아니라 홍보 능력도 뛰어났기 때문에, 기원에 있어서나 대부분의 시기에 있어 그리스다운 적이 없었던 문화를 '미노스 문명'이라는 이름으로 구체화하고 그리스화하는 데 성공하였다. 선형문자 A는 확실히 그리스어가 아니며 그리스어가 속한 인도유럽어족이 아니라 셈어족에 속했을 가능성이 크다. 역사시대 대부분에 걸쳐 그리스인들은(헤로도토스는 예외였다) 전설 속의 미노

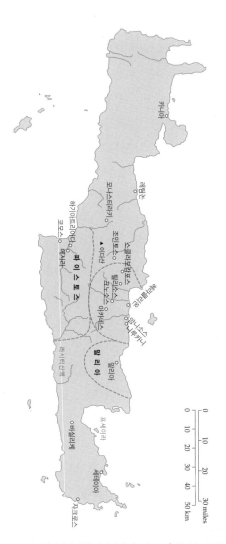

지도 2. 청동기시대 크레테(⟨사이언티픽 아메리칸⟩ '고대 도시' 특별호. 1994년)

스가 실존한 그리스인이라고 확신하였다. 그는 법률 제정가
로서 상징적인 의미의 초기 지도자 역할을 했으리라고 여겨
졌다. 100개의 도시가 있었다고 하는(실제로는 이보다 훨씬 적
었을 테지만) 역사시대 크레테는 입법자와 법의 제정지로 유명
했는데 그중 가장 잘 알려진 곳은 크레테 중부의 도시 고르틴
이다. 그러나 오늘날 우리는 에번스가(또한 고대 그리스인들이)
그러했듯이 미노스를 실존했던 원그리스(proto-Greek)인으로
생각하고 실존 인물인 (기원전 18세기 초) 바빌로니아 입법자
함무라비와 견주어선 안 된다.

　진정 흥미로운 점은 미노스가 고대 그리스의 가장 오래된
지적·역동적 창조물 중 하나인 신화 속의 등장인물이라는 점
이다. 몇몇 신화(그리스어 미토이mythoi는 일반적으로 '이야기'라
는 뜻인데 여기서는 특별히 전래된 이야기를 의미한다)가 그 기원
깊이 어딘가에 역사적 사건을 담고 있다는 것은 사실이다. 그
러나 역사적 사실과 관계가 있다고 해서 전래된 이야기들이
모두 신화가 되어 (세계의 구성과 창조에 관한 설명, 정치권력의
정당화 같은) 신화의 다양한 기능을 지니는 것은 아니다. 신화
는 대개 정확한 역사적 사실보다 과장된다. 따라서 파로스 대
리석비(기원전 260년대 말 키클라데스Cyclades제도의 파로스섬에
세워진 비석으로, 연대기가 새겨져 있다)와 같은 그리스 연대기들
이 (우리가 알기로는) 기원전 1582~264/3년의 '그리스 역사'

에 미노스의 치세를 포함시켰다 해도, 미노스(제우스가 황소로 변신하여 페니키아 공주 에우로파를 강간해서 생긴 자식)와 그의 해상권에 대해서는 헤로도토스의 의구심을 따라서 미노타우로스(미노스의 부인 파시파에와 황소―황소 모티브는 계속 등장한다―사이에 태어난 자식)를 믿는 정도로만, 더 역사적이지도 더 신화적이지도 않게 믿는 편이 나을 것이다.

그러므로 청동기시대 크레테에 관한 한 '신화적 역사(myth-history)'를 통하는 것이 최선이다(다음 장에서 다루게 될 호메로스 서사시의 표면적 역사성에도 불구하고, 이는 다른 그리스 지역들에도 적용된다). 기원전 1500년에서 800년까지 7세기가량의 초기 그리스 역사는 조용하지만 객관적인 고고학으로 보완되거나 수정된 신화적 역사를 통해서 이해할 수밖에 없다. 그 첫 단추는 다름을 관찰하는 것이다. 다시 말해 선사시대의 그리스적이거나 비그리스적인 궁전과 역사시대 그리스 폴리스의 메울 수 없는 간극(물질적, 이데올로기적, 그리고 좁은 의미에서 정치 문화적 간극)을 이해하는 것이다.

후기 청동기시대 크레테 궁전(크노소스 궁전의 면적은 750제곱미터였다)은 정치적으로나 의식적으로 최고 권위자, 지배자, '빅맨'(여왕이었을 확률은 낮다. 그리스 체제하에서는 이들을 아낙스anax 혹은 '우두머리'라고 불렀다)의 자리 혹은 권력의 상징으로 기능하였다. 또한 궁전 주변에는 궁전만큼이나 아름답게 장식되고 훌륭한 석공 기술로 지은 '대저택'에서 특별한 지위의 사람들이 살고 있었다. 최근에는 크노소스 궁전이 경제적으로 1만 4000~1만 8000명(에번스는 8~10만 명이라고 했지만 이는 과도한 추측이었다. 앞의 수치가 더 그럴듯하다)을 부양할 수 있는 저장 및 재분배의 창고로 사용되었다고 여겨진다.

근 3000년간 거의 변하지 않은 기후 덕분에 가능했던 근본적 농경국가의 중심에는 '지중해 3종' 작물이 있었다. 곡물(가뭄에 강한 보리가 대부분을 차지했지만 다양한 종의 밀과 수수 같은 부수작물 역시 재배되었다), 포도주, 올리브유(크레테의 토양과 기후는 포도와 올리브 재배에 안성맞춤이다)가 그것이다. 궁전 서쪽 날개에서 발견된 항아리 크기에 근거하여 추측할 때 이 항아리들을 다 채우려면 주변 경작지 320헥타르에 올리브나무 3만 2000여 그루가 있어야 했을 것으로 보인다. 그러나 3종 작물 외에도 (선형문자 B 서판에 따르면) 고수나 사프란이 있었고 양모 생산을 위한 양떼 목장도 있었다. 또한 국내 생산은 복잡한 해외무역과 연결되어 남으로는 이집트로, 북으로는 키클라데스제도와 펠로폰네소스반도 남부로, 그리고 레반트로 수출되었다. 무역은 복잡한 도량형 체계로 중개되었고 인장, 준보석, 그리고 일상은 물론 종교의식 등을 새겨넣은 금반지 등의 생산에 특히 두각을 나타낸 크레테 장인들의 솜씨로 활기를 띠었다.

이같은 3종 작물은 초기 청동기시대(기원전 3000년) '문명의 발생'(콜린 렌프루의 유용하지만 허점 있는 개념)과 발맞추어 자리잡았다. 그러므로 '문명화'를 도시화로 이해하자면 크노소스가 '도시'가 된 때를 기원전 2000년으로 보려는 유혹이 생긴다. 그러나 놀랍게도 크노소스 궁전을 비롯한 동시대 크레테 궁전과 거주지에서는 도시 성벽을 찾아볼 수가 없다. 동시대 그리스에서 거대한 성벽이 경계를 표시했던 것과는 달리 크레테에는 성벽이 없었던 것이다. 그리스의 이러한 성벽은 후대 그리스인들에게 '키클롭스의 벽'으로 알려졌다. 호메로스의 외눈박이 키클롭스만이 이러한 벽을 만들 수 있다고 생각되었기 때문이다.

크레테인들이 공격이나 유혈사태를 몰랐기 때문은 아닐 것이다. 크노소스에서 멀지 않은 크레테 동부에서는 희생제물로 사람을 바치는 무시무시한 일이 벌어지기도 했다. 이런 끔찍한 예는 차치하고라도 후기 청동기시대 크레테인들의 '식민시' 건설, 혹은 에게해부터 이집트까지 뻗어 있는 (키테라섬의 카스트리에 있는 것 같은) 무역 거점 건설이 평화롭게 이루어졌을 가능성은 낮다. 현재 산토리니(Santorini, 고대의 테라)의 아크로티리는 고대 그리스의 폼페이라고 할 수 있는데, 이곳에 있는 유명한 프레스코 벽화의 제작 연대가 기원전 1620년대의 화산 폭발 이전으로 추정되기 때문이다. 이 벽화에는

'미노스 문명'의 함대들이 싸우는 장면이 묘사되어 있다. 그러나 크레테, 특히 크노소스에서 공인된 가장 폭력적인 경기는 제의로서의 '황소 뛰기'였다. 이는 프레스코화를 포함한 다양한 예술 매체에 묘사된바 스페인식 황소 살해가 아니라 단순한 뛰어넘기였다. 펠로폰네소스반도 남동쪽의 바페이오(Vapheio) 무덤에 묻혀 있던 기원전 1500년경의 금잔에는 이 경기를 위해 황소가 둥그렇게 둘러서 있는 모습이 묘사되었다. 이와 함께 소위 '신성한 뿔'의 제의적 배치와 명확한 숭배 용도를 고려하면 크레테에 황소 숭배가 있었음을 부정하기 어렵다.

크레테가 원주민 지배에서 외세 지배로 전환되면서 기원전 1450년대에 집중적으로 폭력이 발생한 것은 (청동 무기가 매장된) '전몰자 무덤'으로 알 수 있는데, 이는 이곳의 평화주의적 배경(이런 단어를 만들 수 있다면)과는 어울리지 않는다. 따라서 현재 '궁전 크레테의 최후'라고 알려진 것은 정복으로 가장 잘 설명될 수 있으며 (선형문자 B 서판의 언어와 문장으로 보았을 때) 침략자들은 그리스어를 하는 그리스 본토 사람들, 특히 펠로폰네소스인이었다고 보는 것이 가장 합당할 듯하다.

크노소스의 선형문자 B 서판의 연대에 관해서는 큰 논쟁이 있었다. 에번스는 당시 새로운 학문이었던 층위학(stratigraphy)에 관심이 많았다. 하지만 일꾼들에게 뇌물을 주며 재촉했기 때문에 층위별로 면밀한 퇴적물 기록을 남기지 못했고, 따라서 데이터를 층위별로 해독하기도 쉽지 않았다. 1960년대에 나의 옥스퍼드 박사 지도교수였던 존 보드먼은 선형문자 B의 연대를 기원전 1200년경(그리스 본토와 크레테 다른 지역의 증거들이 대부분 이때의 것이므로)으로 잡고자 했던 언어학자 L. R. 팔머의 공격으로부터 에번스의 연구(그는 기원전 1400년경으로 잡았다)와 명예를 열정적으로 방어했다. 보드먼의 방어는 전 세계적으로 성공적이라는 평가를 받아왔다. 심지어 그리스 본토인들에 대한 크노소스인들의 자기방어보다도.

이 본토인들이란 학계에는 '미케나이인들'로 알려져 있다. 이들은 다음 장의 주제이기도 하지만 여기서는 일단 크노소스 쪽에서의 관점을 간단히 소개하겠다. 크노소스와 크레테의 정치적 전성기는 분명 선사 청동기시대였다. 그러나 암흑기와 상고기(각각 기원전 11~9세기와 기원전 7~6세기)의 크레테 역시 결코 완전한 문화적 공백 상태는 아니었다. 이 섬은 전통적으로 초기 폴리스 건설이 활발하였으며, 한편 이 섬의 또다른 전통은 입법자와 법의 땅이라는 것이다. 주목할 만한 예로는 드레루스의 아고라(Agora, 용어사전 참조)와 크레테 동부의 작은 도시에서 발견된 기원전 7세기 말의 법이 새겨진 청동 판을 들 수 있다.

이후 역사시대에 들어 크노소스는 대지모여신 데메테르의

중요한 숭배지로서 그리스 도시로 거듭난다. 기원전 5세기의 상대적으로 많은 크레테 문서 중에는(가장 유명한 것으로 기원전 450년 크레테 중부의 신전 벽에 새겨진 고르틴 법령을 들 수 있다) 틸리소스의 아르테미스 성소에서 발견된 당대의 문서 파편이 있다. 이 문서는 전리품 분배 등의 내용을 담은 복합적인 정치-종교적 맹약으로 크노소스를 틸리소스뿐만 아니라 펠로폰네소스의 아르고스(4장 참조)와도 연결시킨다. 아르고스가 연관된 이유로 가능한 설명은 이 도시가 기원전 11~10세기에 다른 두 도시의 모도시로 인식되었거나 실제로 그랬을 가능성이다. 당시 아르고스는 도리스계 도시였다. 호메로스가 시대착오적으로 언급했듯이, 고전기에 대부분 도리스계 그리스어를 사용하는 이주민들(반드시 정복자는 아니었을 수도 있다)이 몰려오자 크레테는 다시 식민화되었다.

크노소스는 이후 로마에 정복당해 속주가 된다(기원전 146년 이후). 이 시대를 가리켜 '로마 지배하의 르네상스'라는 이야기가 나왔을 정도지만, 오늘날 크노소스 유적지에 간 사람이 보게 될 것은 — 혹자는 '비온 오후의 오페라 공연'이라고 표현한 — 상당 부분 에번스 경의 상상에서 나온 산물이다.

제 3 장

미케나이

비극이든 희극이든 그들은 얼굴에 마스크를 쓴다. 우리에게는
우리 자신을 들여다볼 거울이 없다.

— 옥타이 리팟(Oktay Rifat), 「아가멤논 I」

"나는 아가멤논의 얼굴을 지그시 바라보았다." 1876년 11
월 자신의 발견을 오해하고 흥분한 하인리히 슐리만의 전보
문구가 그리스 신문 기사에 실렸다. 슐리만은 자수성가한 백
만장자 사업가에서 '발굴가'가 된 사람이었다. 호메로스 서사
시 등장인물들의 흔적을 발굴하려는 열망으로 가득찼던 아마
추어 발굴가에게 발견한 유물을 곧바로 호메로스의 영웅들과
연관 짓는 것은 어쩌면 피할 수 없는 유혹이었으리라. 『일리

아스』에 등장하는 미케나이에는 공식처럼 '금이 풍부한'이라
는 수식어가 붙었고, 미케나이의 위대한 상왕 아가멤논은 동
생 메넬라오스의 부정한 아내를 트로이 왕자 파리스('알렉산
드로스'라고도 불린다)와의 불륜으로부터 구하기 위해 여러 왕
들을 모을 권력이 있는 자였기 때문이다. 슐리만은 트로이도
발굴했던 터였다. 그는 아시아 쪽에서 다르다넬스해협을 바
라보는 히살릭(Hissarlik)만이 호메로스의 트로이로 합당하다
고 주장했다. 그 동화 같은 '바람의' 도시가 실제로 존재했다
면 말이다. 그러나 그와 그리스 인부들이 훨씬 후대의 것(기원
전 1300년경)인 미케나이의 도시 성벽 안 수갱식 분묘 여섯 기
중 하나에서 발견한 것은 기원전 1650년경 제작된 멋진 수염
이 있는 성인 남성의 데스마스크였다. 이는 트로이 전쟁이 일
어나기 훨씬 전이다.

　더 이성적으로, 정확하게, 전문적으로, 또 조금만 더 낭만적
으로 말하자면 미케나이는 펠로폰네소스반도 동북부 아르골
리스 지역의 후기 청동기 문명에 '미케나이 시대'라는 이름을
붙여주었다. 이는 고고학과 호메로스 덕분으로 특히 전자의
역할이 더 컸다. 앞서 보았듯이 고고학과 언어학을 통해 기원
전 1450년경 크노소스는 북쪽에서 온 그리스어 사용자들로
가득차 있었다는 사실이 알려졌다. 이 전사 공동체는 후기 청
동기시대 크레테처럼 궁전에 기반을 둔 문화를 발전시켰다.

그러나 '미노스 문명'이 평화로워 보였던 것, 최소한 내부적으로 조화로워 보였던 것과 달리 미케나이와 그리스 본토의 코린토스 지협(테바이, 이올코스, 필로스 등) 남쪽과 북쪽 미케나이 문명 중심지들의 성채에 기반을 둔 통치자들은 전쟁을 선호했고 큰 성벽(미케나이의 성벽은 두께가 6미터에 달했다)을 쌓아 자신을 보호하려 했다. 통치자들이 글을 읽을 수 있었는지 여부는 확실하지 않지만, 그들은 선형문자 B(1952년 해독 결과 그리스어로 결론이 났다. 2장 참조)라고 알려진 원시적 관료제의 그리스 문자 아카이브를 가지고 있었다. 유명 출판사인 템스 앤드 허드슨은 그들의 '고대 민족과 지역' 시리즈(윌리엄 테일러 경의 이해하기 쉬운 연구)에 '미케나이인'을 포함시킨 바 있다. 그러나 미케나이인은 진위를 따지든, 유기적으로 보든, 고대의 증거들로 보든 '민족'으로 여기기 어렵다.

게다가 그리스어 문자를 썼다고는 하나 미케나이 문명은 기본적으로 이집트, 시리아, 이라크 등지에 중심을 둔 중동 문화의 지방 거점이었다. 성채 입구의 인상적인 '사자문'은 히타이트의 하투샤(Hattusas)를 연상시킨다. 또한 아트레우스(Atreus, 아가멤논의 아버지)의 보고(寶庫)나 아이기스투스(Aegisthus, 아가멤논의 아내 클리템네스트라Clytemnestra의 정인)의 내쌓기와 메쌓기로 만든 벌집형 무덤은 사후세계를 암시하여 이집트에 대한 향수를 보여준다. 성의 프레스코 벽화들

은 그곳에서 궁정(court) 악사들이 노래했음을 보여주며 미케
나이에 궁정 시인들이나 리라 연주가들이 있었음을 암시한
다. 그러나 지금까지 해독된 선형문자 B 문서(테바이, 티린스,
아이오스 바실리오스Ayios Vasilios, 필로스, 미케나이, 그리고 크레테
섬의 크노소스, 카니아Khania, 고대 키도니아에서 발견된)에서 문
학적인 내용은 짧은 시 한 줄조차도 발견되지 않았다. 주로 세
금 관련 기록이 목적인 이 문서들의 관료제적 기능을 생각할
때 앞으로도 그런 내용은 발견되지 않을 듯하다. (선형문자 B가
보존된 것은 우연이었다. 미케나이와 다른 성들을 전소시킨 기원전
1200년경의 화재가 이 서판들을 견고하게 구워준 것이다.)

결국 미케나이 문화와 사회는 그리스의 관점에서 볼 때 부
정출발이나 마찬가지였다. 역설적으로 성채 문화와 폴리스
문화의 간극을 보여주는 것은 서사시들(『일리아스』와 『오디세
이아』를 비롯하여 '서사시 권'이라고 불리는 작품군)이다. 이 서사
시들은 끊어진 적 없는 문명의 직접 계승을 증명하는 것으로
인용되곤 했다. 표면적으로 이들은 남겨진 미케나이와 다른
후기 청동기시대 거점들의 유적이 보여주는, 나중엔 사라졌
지만 훨씬 고도로 발전했던 문명에 관한 것이었다. 그러나 고
대 그리스인들에게 없었던 고고학, 미술사학, 언어학 등의 학
문을 통해 밝혀진 성채의 실제 규모는 서사시들이 완성된 형
태를 띠었을 기원전 8~7세기의 그리스 청중이 상상한 것보

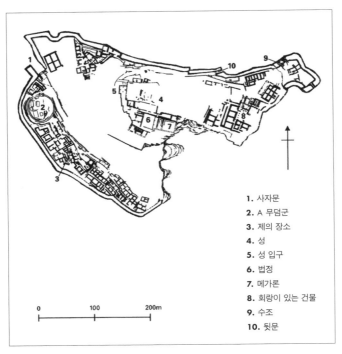

1. 사자문
2. A 무덤군
3. 제의 장소
4. 성
5. 성 입구
6. 법정
7. 메가론
8. 회랑이 있는 건물
9. 수조
10. 뒷문

1. 미케나이의 성채(발굴된 주요 건축물들). C. 기어, 『아가멤논의 무덤Tomb of Agamemnon』(Profile, 2006)

다 훨씬 더 컸다. 예를 들어 호메로스의 청중은 그 시대의 왕이 노예 50여 명을 부렸다고 여겼을 때도 충분히 많은 숫자로 생각했지만, 실제로 기원전 13세기 미케나이 궁정에서는 최소 수백 명에서 수천 명까지의 두에로이(do-er-oi, 고대 그리스어로 둘로스doulos, 즉 노예를 뜻한다)를 거느렸을 것으로 보인다. 그리고 앞장에서 언급했듯이, 훗날의 그리스인들은 미케나이의 거대한 성벽을 평범한 사람들이 지었다는 것을 믿을 수 없었다.

그렇다고 미케나이 문명에서 그리스의 역사시대로 이어지는 문화적 연속성을 부정하는 것은 아니다. 선형문자 B 서판에는 이미 올림피아 신 몇몇이 등장하며, 그리스 신화는 미케나이의 주요 거점을 배경으로 한다. 그러나 미케나이의 성채 기반 종교는 그리스의 신전 기반 종교와 거리가 있었다. 우선 『일리아스』에서 기원전 9세기 말 트로이에 있었으리라고 말하는 아테나 신전 같은 것은 실제로 존재하지 않았다. 관념적으로나 실제로나 그리스 신전(그리스어로 나오스naos. 성소는 히에론hieron이라고 한다)의 기원은 기원전 12세기 이전으로 보기 어렵다. 미케나이 시대 성채의 제의 장소 역시 전 공동체를 위한 종교적 장소라기보다는 영국 저택의 사적인 예배당(chapel)에 가까운 것이었다. (성채의 제의 장소에는 프레스코화가 있는 방이 있는데, 여기서 발견된 큰 항아리의 내용물을 과학적으로 분석한 결과 제의에 참여한 사람들은 송진향이 가미된 포도주를 마셨던 것으로 드러났다. 아마도 레치나[retsina, 나뭇진을 가미한 그리스 포도주]의 원형일 것이다.)

미케나이 상왕의 지휘로 본토와 섬의 그리스인들 연합이 비그리스인들의 트로이를 10년간 포위한 일이 실제로 있었는지 여부도 고고학적으로 아직 증명되지 않았다. 기원전 13세기 헬레스폰토스([현대의] 다르다넬스)해협 연안의 아나톨리아 주요 도시로 동쪽의 히타이트 제국까지 교류가 있었던 히살릭은 그리스의 상상력이 투사된 호메로스의 트로이가 확실하다. 마찬가지로 그리스인들의 군 연합 개념은 실제로는 기원전 1200~700년에 달성하지 못했던 것을 보여주는 듯하다. 이는 알렉산드로스대왕 치하에서도 달성되지 못했던 일이다. 서사시와 영웅전설이 이전 문명의 멸망을 전제로 한다는 것은 잘 알려져 있다. 그러나 이들이 실제 사실을 그대로 투영하거나 베낀다는 뜻은 아니다. 호메로스의 세계가 지속될 수 있었던 이유는 그것이 시인들의 다양한 상상력에서 벗어나지 않았기 때문이다. 그들은 기원전 1200년에서 700년까지 500년간 구전 형식의 전통을 만들고 다듬어 다양하고 장황한 구전을 두 편의 기념비적인 서사시로 만들었다. 그렇다면 이를 호메로스로 알려진 천재적인 작가 한 사람의 창작물이라 할 수 있는가? 아니면 두 명의 결합일까? 훗날 적어도 일곱 개의 도시들이 스스로 호메로스의 고향이라고 주장하였다. 분명한 것은 그가(혹은 그들이) 그리스 동부 문화권에서 추앙받았다는 사실이다. 이 지역에서는 (서사시 낭독 외에는 거의 사용된 적 없는) 호메로스식 방언이 이오니아계 방언(이 방언에 관해서는 5장에서 다룰 것이다) 중 가장 높은 비중을 차지하고 있었기 때문이다.

픽션에서 사실로 돌아오자면, 미케나이 시대 그리스 문명의 부유한 거점들은 기원전 1200년경 파괴되었다(그 원인이 다양했던 것은 확실하지만 여전히 많은 논란이 있다). 그리고 기원전 11세기에서 9세기까지 '암흑기'가 이어졌다. 이 시대 사람들이 (선형문자 B의 변형을 사용하던 키프로스를 제외하고) 문맹이었기에 알려진 바가 적고, 객관적으로는 거주 지역이 줄어 인구도 줄어들면서 인구집중도가 떨어져 기술력이 쇠퇴했기 때문이다. 물론 예외는 있었다. 에우보이아의 레프칸디가 대표적인 예다. 또다른 긍정적 조짐은 뾰족한 도구들이 청동에서 철로 바뀌고 있었다는 점이다. 그러나 대부분은 암흑에 싸여 있었다. 선형문자 B는 위계적 사회정치 구조가 무너지면서 함께 사라졌다. 크노소스처럼 미케나이 역시 역사시대에도 몇 번의 국면에 거쳐 살아남았지만 청동기시대를 완전히 벗어나지는 못했다. 미케나이와 아르고스(4장 참조)에서 멀리 떨어지지 않았고 이들보다 좀더 낮은 지대에 위치한 동시대의 티린스는 성채 시대 바로 이후 시기의 미약한 주거 흔적들을 미케나이보다 더 잘 보존하고 있다.

오늘날 우리는 미케나이라고 하면 호메로스의 상상을 통해 만들어진 매우 인상적인 세력을 떠올린다. 그러나 청동기 이후 역사시대의 가난한 미케나이인들은 서사시 낭독을 지겹도록 들으면서 그들이 절실히 믿고 아가멤논 신전에 자주 찾아가기만 하면, 혹은 페르세우스에게 헌정물을 바치기만 하면 아가멤논의 기운이 그들에게 부흥을 가져올 것이라는 헛된 기대를 했다. (페르세우스 성소에서 발견된 기원전 525년경의 기둥머리는 현재 아테네 금석학박물관에 전시되어 있다. 한편 미케나이 왕릉에서 발굴된 청동기시대 유물들은 현재 국립고고학박물관에 전시되어 있다.) 그러나 기원전 700년경 호메로스 서사시의 마지막 발달에 기여한 보이오티아의 시인 헤시오도스가 이야기했듯이, 기대만으로는 역부족이었다.

그는 호메로스와 함께 특히 『신통기』와 『일과 나날』(농부의 책력에 관한 내용이지만 중요한 정치적·종교적 메시지를 담고 있다)을 통해 고전기 그리스 신들의 외양과 역할, 활동 영역을 구체화한 것으로 유명하다. 이 두 장편시(호메로스의 서사시와 같이 강약약격의 6보격으로 쓰였다) 중 후자에서 헤시오도스는 판도라('모든 선물'이라는 뜻) 신화를 소개한다. 판도라는 제우스와 다른 신들이 인간의 오만을 벌주기 위해 창조하여 지상으로 보낸 원주민 여성이자 그리스의 이브라고 할 수 있다. 그녀는 통제할 수 없는 호기심(권위주의적인 그리스 남성들의 관점에서는 여성 '본능'의 전형적인 약점이었던)에 선과 악이 모두 들어 있는 큰 항아리(pithos)를 열었고, 그리하여 미약한 인간들의 삶은 영원히 악의 영향을 받게 되었다. 그녀가 간신히 뚜껑을 닫았을 땐 오직 한 가지 가치만이 항아리 안에 남아 있었는데 바로 매우 애매모호한 엘피스(Elpis), 즉 '희망' 혹은 '기대'였다.

영광스러운 미래(혹은 다른 어떤 미래라도)를 향한 역사시대 미케나이인들의 희망은 '뱀 기둥'에 미케나이가 포함되면서 더욱 커졌다. 이 기둥은 그리스인들이 기원전 480~479년 페르시아의 공격을 함께 막아낸 것을 기념하여 세운 승전비다(부록 참조). 그러나 그들의 희망은 헛된 것이었다. 독립적인 미케나이인들은 늘 스파르테의 압력으로부터 자유롭지 못했고 이웃한 아르고스(스파르테와 적대관계에 있었고 페르시아 전쟁에서 중립을 지켰다)에게는 위협적이었다. 기원전 468년에 아르고스는 미케나이를 전멸시켰고, 이 작은 폴리스는 한동안 되살아나지 못했다(이는 고대 그리스에서 특별한 일이 아니었다).

10년 후 아이스킬로스는 '오레스테이아' 3부작(〈아가멤논〉, 〈제주를 바치는 여인들〉, 〈자비로운 여신들〉)을 쓰고 무대에 올리면서 아가멤논의 성을 (어쩌면 잔인하게도) 본래의 미케나이에서 새로이 힘을 얻은 아르고스로 옮겨놓았다. 아르고스는 그의 출신 도시국가인 아테나이와 동맹관계였으며 스파르테를 공적(公敵)으로 여겼기 때문이다. 헤로도토스는 『역사』의 서두에서 한때 강성했던 도시들이 쇠퇴하는 것을 불변의 법칙처럼 서술하고 있다. 그는 아마도 — 어쩌면 분명히 — 미케나이의 경우를 생각하고 있었을 것이다.

제 4 장

아르고스

여기 아르고스에는 내 베개가 되어줄 땅과 내 방이 되어줄 세상
의 넓은 대지가 있다……. 그리고 달갑지 않은 내 영원한 안식의
침대에 함께해줄 차가운 밤의 여신(Nocturna)의 축축한 공기가
있다.
— 윌리엄 리트고(William Lithgow), 『진기한 모험과 고통스러운
여행에 관한 총체적 담론』, 1632년

앞 장에서 보았듯 그리스의 후기 청동기시대는 관례적으
로 '미케나이 시대'라고도 부른다. 그러나 호메로스가 그리
스인들을 집합적으로 칭할 때 '아르고스인', '아카이아인', '다
나오스인'이라고 부르므로 '아르고스 시대', '아카이아 시대',

'다나오스 시대'라고 할 수도 있을 것이다. 이는 '헬레네스 (Hellenes)'라는 이름이 일반적으로 사용되기 이전 시대의 이야기다. 사실 '헬라스(Hellas)'는 원래 그리스 본토 북부의 작은 지역을 지칭하는 이름이었다. 정치적으로 중요하지 않으면서 지리적으로는 중심에 위치한 지역이라서 그리스 전체를 부르는 이름으로 적격이었다. '범헬레네스(Panhellenic)'라는 형용사는 기원전 7세기 중반에 처음 사용된 것으로 보이나 훗날에는 단순히 '헬레네스의(Hellenic)'라는 뜻으로 사용되었다. 다시 말해 그리스성(Hellenicity, 헬레네스의 민족성)은 천천히, 암흑기와 상고기의 수 세기에 걸쳐서 전파되었다.

그러나 미케나이 시대의 그리스를 '아르고스 시대'라고 부른다면 도시 아르고스와 매우 헷갈렸을 것이다. 도시 아르고스는 미케나이로부터 거의 정남쪽으로 몇 킬로미터 떨어진 곳, 라리사(Larissa)와 아스피스(Aspis, '방패'라는 뜻)라는 두 언덕 위에 위치하고 있었다. 미케나이가 두 산에 둘러싸여 가려져 있었다면, 아르고스는 라리사 언덕의 꼭대기에 위치하여 그 원뿔 모양의 아크로폴리스(acropolis, 용어사전 참조)를 주변의 비옥한 평지(그리스 본토에서는 가장 크고 비옥하다. 지금은 동남아시아에서 수입된 오렌지가 재배되고 있지만 고대에는 주로 곡물, 올리브, 포도가 재배되었을 것이다)에서 쉽게 볼 수 있었다. 후기 청동기시대가 철기시대로 이어지는 동안 그리스 본토의 몇몇 거점만이 꾸준히 거주지를 유지하며 상대적으로 일찍 암흑기를 빠져나왔는데, 그중 가장 중요한 도시 하나가 아르고스였다. 아르고스는 근방에 있는 미케나이와 티린스의 경쟁관계에 가려 조용히 성장할 수 있었다.

이 지역은 그리스에서 가장 오랫동안 사람이 살아온 곳이지만, 기원전 11세기 암흑기로부터 빠져나와 성장하기 시작한 도시는 새로운 아르고스였다. 단지 지형학적·건축학적으로 새롭다는 의미가 아니라 민족적 의미에서도 새로웠다. 새롭게 진화한 언어를 사용하는 그리스인들은 스스로 도리스인이라고 칭했다. 일반적으로 그리스 중부에서 이주해왔다고 여겨지는 이들은 아르고스를 차지하여 펠로폰네소스의 세 거점 중 하나로 삼았다. 다른 두 곳은 스파르테와 메세네였다. 도리스인들은 남쪽으로 크레테까지 진출하였고(역사시대에 크노소스는 도리스계 도시가 되었는데 어쩌면 실제로 아르고스인들이 기초를 닦았을 수도 있다) 거기서 에게해를 건너 동쪽으로 현재의 터키 서남부(예를 들어 헤로도토스가 태어난 할리카르나소스)와 로도스 같은 그리스 섬까지 진출하였다. 그들은 분명 섬들을 징검다리 삼아 에게해를 건너 동쪽으로 이주했을 것이다. 그들이 펠로폰네소스반도에도 같은 방법으로 바다를 건너왔는지, 혹은 육로로 왔는지는 알 수 없다. 도리스의 정착신화에 따르면 이들이 코린토스만의 가장 좁은 부분인 안티리온에서 리온까지 뗏목을 타고 건너왔다는데, 이는 그들이 그리스 북서부와 중부로부터 펠로폰네소스 북서부까지 육로로 왔음을 암시하고 있다. 이 전설은 초기 암흑기(기원전 11~10세기) 이 지역의 제한된 고고학적 증거를 바탕으로 상상력을 조금 발휘하면 그럴듯해 보인다.

그러나 고고학적으로 보면 도리스인들은 구체적으로 파악하기 어렵다. 미케나이 시대 이후 도리스인의 이주나 침략을 통해 생겨난 특징이라고 확증할 수 있는 '도리스식' 물질문화의 증거가 없기 때문이다. 이 의심에 대한 첫째 반증으로 방언을 들 수 있다. 선형문자 B 서판에서 원도리스계(proto-Dorian) 방언 형태를 찾아볼 수 있다고 한 존 채드윅의 주장이 맞다고 해도 (다음 장에서 다룰 이오니아어처럼) 역사시대의 도리스어는 청동기시대 이후, 즉 철기시대에 완성된 것이었다. 가장 단순하게 설명할 수 있는 가설은 원도리스계 언어를 사용하는 북그리스(테살리아) 출신의 인구가 이곳으로 이주하고 이 초기 도리스인들이 갈라져 정착해서, 종종 적대관계였던 공동체들이 결국 같은 방언을 사용하면서도 서로를 구분하게 되었다는 것이다. 아르고스인들이 스스로 라코니아인들(스파르테인들)과 다르다고 생각한 것과 같은 이치다. 헤로도토스는 동시대 펠로폰네소스에 살던 일곱 민족에 관해 흥미롭지만 추측에 의존한 글을 남겼는데, 키누리아(아르고스와 스파르테의 영향권에 위치했던 도시) 사람들에 관해서는 다음과 같이 적었다.

원주민인 키누리아인은 〔펠로폰네소스 전체에서〕 유일한 이오니아인 같다. 그러나 아르고스의 지배하에서 오랜 시간을 보내면서 완전히 도리스화되었다.

도리스화란 같은 방언의 사용 외에도 같은 제도(세 지역은 똑같이 가상-친족 부족명을 사용하였다)와 종교 관습(아폴론을 위한 카르네이아Carneia 축제를 매년 열었다)을 말했다. 아르고스의 도리스인들은 같은 도리스계인 메세네(아르테미스)나 스파르테(아테나)와 구별되도록 하기 위해 제우스의 누이이자 아내인 헤라 여신을 수호신으로 모셨다. 여신의 대표 성소는 아르고스의 헤라이온이다(도판 2). 헤라이온은 중심부의 아크로폴리스로부터 약 9킬로미터 떨어져 있었으며, 이 도외(extra-urban) 성소와 중심부의 의도된 연결고리는 아르고스가 하나의 폴리스로서 정체성을 형성하는 데 결정적이었다고 알려져 있다. 헤라이온과 연관된 가장 유명한 신화는 클레오비스(Cleobis)와 비톤(Biton) 형제 일화일 것이다. 여사제였던 어머니를 축제 장소로 모셔갈 우마차가 제때 당도하지 않자 그들은 직접 소처럼 어머니를 모시고 가서 제시간에 도착하였다.

어머니가 아들들에게 합당한 보상을 해달라고 헤라에게 기도하자, 헤라는 즉시 그들에게 영원한 안식을 주었다. 몇몇 학자들은 연대가 기원전 6세기 초로 측정된 한 쌍의 남성 등신대 대리석상을 클레오비스와 비톤이라고 생각한다. 그러나 이 대리석상은 델포이의 아폴론에게 바쳐진 만큼 다른 해석의 여지가 있다. 이 조각상을 만드는 데 사용된 대리석은 가장 좋고 깨끗하다고 알려진 파로스산이며, 통계적으로 등신대 조각상 하나를 만드는 데 1년이 걸렸던 것으로 보인다.

하지만 기원전 8세기 아르고스인들의 확장에 따라 점차 아르고스 평원 대부분이 잠식되었고, 이들은 청동기시대의 주요 거점인 미케나이와 티린스가 포함된 이 아르골리스 지역의 실질적 헤게모니를 장악하게 되었다(헤로도토스의 키누리아인 언급은 이런 면에서 합당하다). 따라서 때때로 해안도시 아시네와 같은 이웃 도시의 정복이나 축출이 일어났으며, 이곳에는 모도시가 파견한 정착민들이 자리잡았다. 이는 그리스 내부 식민화의 한 형태로 아르고스의 해외 식민시 건설 필요성을 나타내었는데, 아르고스보다 훨씬 가난했던 내륙의 코린토스가 겪은 기원전 8세기 후반의 이주 필요성과는 대조된다(9장 참조). 외부의 영향은 다른 평화적인 방식으로도 표출되었으며 아르고스의 예술품 및 기능공 수출도 그중 하나이다. 이 두 가지 수출은 양적으로 확인 가능하다. 청동과 테라코타

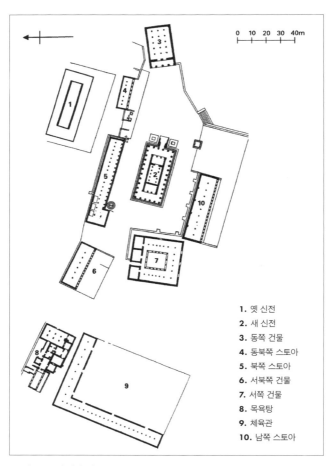

0 10 20 30 40m

1. 옛 신전
2. 새 신전
3. 동쪽 건물
4. 동북쪽 스토아
5. 북쪽 스토아
6. 서북쪽 건물
7. 서쪽 건물
8. 목욕탕
9. 체육관
10. 남쪽 스토아

2. 아르고스의 헤라 성소

로 만든 동물 및 인간 모양의 소형 조각상들이 그리스의 민족적 교류나 '그리스성'이라는 공통 개념의 발전이 이루어진 중심지에서 대량 발견된 것이다. 여기서 말하는 중심지란 고대 올림피아(Olympia, 용어사전 참조)로, 펠로폰네소스 북서쪽 외곽에 위치한 올림포스산의 제우스신에게 바쳐진 '국제적' 성소를 지칭한다.

초기의 아르고스는 왕들이 다스렸다. 그러나 이 왕들에 관해서는 페이돈(Pheidon)을 제외하고 알려진 바가 없다. 페이돈은 세습군주였는데 아리스토텔레스는 그가 '스스로 참주가 되었다'는 의미심장한 말을 남겼다. 그의 생몰 연대는 확실치 않으나(학자들은 기원전 8세기에서 6세기 사이로 추정한다) 그를 기원전 8세기 말에서 7세기 초의 인구 증가와 더불어 부장품이 많은 무덤의 증가와 관련 지으려는 경향이 있다. 그리스와 프랑스 고고학자들은 아르고스와 그 주변 지역 무덤들을 발굴하고 그 결과를 출판하였다. 한편 이 시기에―기원전 669년이라고들 한다―히시아이(아르고스 남동쪽 국경 근처의 키누리아 지역)에서 스파르테 군대를 무찌르는 등 군사적 성과가 있기도 했다. 이 사건은 아르고스 군사력의 정점을 찍었으며, 이후로 아르고스는 스파르테를 이긴 적이 없다.

'후기 기하학 시대'의 무덤이라고 부를 수 있는 이 무덤들은 전사자의 것이었다. 전사자의 가족은 볏이 달린 청동 투구나 청동 흉갑, 희생제물용 동물을 꽂을 쇠꼬치 등 대량의 부장품을 함께 묻어 그의 정체성을 드러내었다. 이러한 무덤들은 현대의 우리에게 기원전 8세기 말 그리스 남부의 발전한 지역들에서 전쟁의 수준이 어느 정도였는지 알려주는 타임캡슐 기능도 한다. 높은 볏이 달린 투구는 『일리아스』에 묘사된 것처럼 멀찌감치 떨어져서 창을 던지는 호메로스식 영웅들의 결투에 어울렸을 것이다. 하지만 (당대의 도자기 그림이나 무구, 무기 등에 드러난) 이 시기 영토 팽창 욕구가 강했던 도시들이 벌인, 대열을 맞추어 싸우는 다수 대 다수의 전쟁에는 어울리지 않았을 것이다. 한편, 전체가 청동으로 만들어진 갑옷은 공격보다 신체 보호와 방어에 역점을 두는 전쟁의 특징을 보여준다.

이 무덤들을 보아도 여전히 알 수 없는 것은 그리스 보병의 새로운 무기인 방패(hoplon)다. 이 무기로부터 그들의 중장보병(hoplites)이라는 명칭이 유래했을 것이다. 이것은 특별히 '아르고스의 방패'라고도 알려져 있었는데, 아르고스에서 방패가 발명되었거나 아르고스에서 가장 우수하고 성공적인 형태가 발달했기 때문일 것이다. 기원전 750~650년경에 '중장보병'이라는 새로운 형태의 전투력이 발달했으며, 이로써 전쟁은 영웅적인 전사 한 명에 의존하는 것으로부터 벗어났다. 이러한 발전에 페이돈이 깊이 연관되었다는 것은 근거 있는 이야기로 보이는데, 이를 제대로 이해하려면 스파르테를 다루는 7장까지 기다려야 할 것이다.

제 5 장

밀레토스

오, 왕이시여, 리키아(Lycia)와 아름다운 마이오니아, 그리고 바닷가의 탐나는 도시 밀레토스 역시 당신의 것입니다…….

아폴론을 위한 「호메로스의 찬가」(기원전 7~6세기에 쓰인 찬가 33편 중 하나) 2부는 위와 같이 시작한다. 이 일련의 찬가들은 디오니소스를 부르는 것으로 시작해서 제우스가 관할하는 올림피아의 모든 신들, 그리고 스파르테와 깊은 연관이 있던 카스토르(Castor)와 폴룩스(Pollux) 쌍둥이 형제를 각각 다룬다. 이 찬가는 아드리아해 동부의 거의 모든 지역을 아우르며 그리스인들이 생각하는 천국부터 지옥까지를 다루고 있다. 따라서 이 찬가에서 밀레토스가 차지하는 비중은 초기 그리스에서 이 도시가 차지하던 위상을 알게 한다. 밀레토스는 이오니아로 불리던 지역(아나톨리아 서부, 즉 에게해 연안 중부)의 주요 도시였을 뿐 아니라(리키아는 이오니아 남쪽에 있었고 마이오니아—우리에게 좀더 친숙한 또다른 이름은 리디아다—는 그 바로 서쪽에 있었다. 두 도시 모두 완전히 그리스계는 아니다) 두 차례에 걸쳐 진행된 그리스인들의 이주와 식민시 건설에서 중심적 역할을 맡아 그 영향력이 넓게 퍼진 도시였다. 델포이의 아폴론에게 바쳐진 찬가가 이 도시에 초점을 맞춘 것은 우연이 아니다. 델포이의 아폴론은 찬가의 1부에서 다룬 델로스의 아폴론과 다르게 그리스 식민시 건설(그 주된 흐름은 기원전 8세기 중반에서 6세기 중반까지였으며, 기원전 330~320년대 알렉산드로스대왕의 아시아와 북아프리카 정복으로 인한 디아스포라 이전에 가장 중요한 이동이었다)의 신이었기 때문이다.

기원전 8세기 훨씬 전에도 밀레토스에는 사람이 정착해 살고 있었다. 후기 청동기시대에 이미 크레테에서 온 미노스인들과 그리스 본토의 미케나이인들이 이곳에 출몰하였다. 기원전 13세기 히타이트 문서에 나오는 밀라완다(Millawanda, 아마도 아카이아로 추측되는 아히자와Ahhijawa의 반경 안에 위치한다고 적혀 있다) 역시 밀레토스로 보는 것이 타당할 듯하다. 기원전 1210년에서 1190년까지 이 지역에 대변동이 일어난 후, 본토의 그리스인들은 기원전 12~11세기 동안 에게해를 건너 소아시아로 이주한다. 역사가들은 이를 흔히 '이오니아인의 이주'라고 부른다. 물론 더 멀리 키프로스로 간 사람들도 있었지만 이주민 대부분이 이오니아(원명은 이아워니아Iawonia)로 알려진 지역으로 이주하였으며 이오니아계 방언을 사용하였기 때문에 이런 명칭이 붙여졌다. 위 문단의 '식민시 건설'과 구분하기 위해 '이주'라는 단어를 사용했음을 기억해두자.

사실 '이오니아'라는 말에는 살펴보아야 할 세번째 차원이 있다. 이들은 비그리스계인 아시리아, 페니키아, 히브리 사람들이 처음 접촉한 그리스인이었기에 동방에서는 그리스인을 '이오니아인'이라고 부르게 되었던 것이다. 예를 들어 히브리어로(현재는 이란어로) 야반(Yavan)은 이오니아를 가리킨다. 이런 점이 어느 정도 부담으로 작용하기는 했으나, 이오니아인들은 성공적으로 적응하였다. 아나톨리아 해안의 정착민들과 그리스 본토의 에우보이아 사람들은 동방의 유산을 받아들이고 발전시켰다. 예를 들어 (레바논의 페니키아인들로부터 받아들인) 알파벳, (현재의 이라크 남부에 살던 바빌로니아인들로부터 받아들인) 수학, 그리고 (기원전 6세기 전반 리디아인들로부터 받아들인) 화폐 등이 있다.

이오니아인들이 정착한 아시아 지역 12도시 중 밀레토스는 강력한 신화적 역사를 가지고 있는 가장 뛰어난 도시였다. '코드루스(Codrus)의 아들' 넬레우스(Neleus)는 밀레토스의 창건자로 알려졌다. 또한 이 지역에 살던 카리아 남성들(호메로스에 따르면 '야만족 언어'를 쓰던 밀레토스의 카리아인들은 트로이 편에서 싸웠다)을 살해하고 그 과부들과 결혼하여 후손을 보는 일을 주도한 인물로도 알려졌다. 이 살해는 식민시를 건설하기 위한 것이었다. 그리스 식민시들을 볼 때 현재는 조지아 땅인 파시스(Phasis)에서 스페인 동북 해안에 걸쳐 정착한 밀레토스인들은 어느 정도 비그리스계 혈통이었다고 볼 수 있다. 헤로도토스 시대에도 아내들은 남편들과 함께 앉아 식사하지 않았고 그들의 이름도 부르지 않았다고(정말일까?) 한다. 그들의 조상이 겪은 수치 때문이었다. 이상의 사실에 비추어볼 때 헤로도토스가 기원전 480/479년 (이오니아인들을 포함한) '아테나이인들의' 입을 통해 그리스인을 정의하면서 '같은 혈통'의 중요성을 언급한 것은 일리 있어 보인다.

오늘날 밀레토스를 찾는 관광객은 그 유적지에서 볼 만한 곳을 쉽게 알아채기 어렵다. 한때 해안이었던 밀레토스가 지금은 융기하여 토사가 많이 쌓인 마이안드로스강 하구로부터 10킬로미터 정도 거슬러올라간 내륙이 되었기 때문이다(좀더 남쪽에 떨어진 작은 섬이었던 라데 역시 같은 운명에 처했다. 이에 관해서는 이 장 마지막에 다시 언급할 것이다). 그러나 지난 수년간 터키와 독일 고고학자들은 이보다 후대의 것이기는 하나 다량의 유물을 발굴해냈다. 헬레니즘기인 기원전 3세기의 유

물이 대부분이었으나 더 후대의 헬레니즘기인 프톨레마이오
스 왕조와 셀레우코스 왕조의 것도 있었다(11장 참조). 발굴로
알려진 사실은 밀레토스에 항구가 최소한 네 곳 있었다는 것
이다. 처음부터 밀레토스는 해안 도시로서의 성격이 강했다.

　이러한 사실을 토대로 볼 때 밀레토스가 다수의—90개나
되었다는 고대의 보고는 차치하더라도—해외 정착지를 건
설하였다는 것은 놀라운 일이 아니다. 확실한 장소로는 헬레
스폰토스해협 주변에 전략적으로 위치한 아비도스, 흑해 연
안(마르마라해)의 키지코스 등을 들 수 있다. 이들은 흑해(그리
스인들이 '불친절한 바다Axeinos Pontos', 혹은 완곡어법으로 '친절한
바다Euxeinos Pontos'라고 불렀던)로 들어가는 길목에 있었다. 흑
해 남부 연안의 시노페나 트라페조스, 혹은 북부 연안의 올비
아(현재의 베레잔)나 오데소스(현재 오데사의 원명) 등 밀레토스
의 정착지는 주로 흑해 연안에 위치하고 있었다. 이는 아마도
밀레토스의 야심과 관심을 보여주는 것이리라. 곡물, 염장 생
선, 노예 등 흑해 특산품과 흑해에서 생산할 수 없거나(올리브
는 북부 연안에서 자라지 못한다) 질이 떨어지는 (도자기와 같은)
상품의 교환 말이다. 완전한 정착지의 고고학적 증거가 나온
연대는 기원전 7세기 후반이다. 그러나 이전의 유랑 시기까
지 거슬러올라가면 기원전 8세기 말까지도 볼 수 있다. 이후
기원전 6세기가 되면 그리스 상품은 드네프르강과 부크강의

250킬로미터 상류 지점에서도 발견된다. 그러나 그리스인들은 해안지역에 살았다.

밀레토스의 해외 활약에 너무 심취하기 전에 짚고 넘어가야 할 부분이 있다. 보스포로스해협에 위치한 비잔티온은 반대편의 칼케돈(현재의 카디쾨이Kadiköy)과 마찬가지로 본토의 메가라가 건설하였다. 메가라는 기원전 700년 이전 시킬리아 동부에 진출해서 메가라 히블라이아라는 도시를 건설한 바 있다. 또한 아시아 지역 12도시의 공동 성소인 판이오니온(Panionion, '범이오니아')은 밀레토스가 아닌 프리에네에 위치하였다. 그러나 후자의 경우는 밀레토스의 힘에 대한 반증으로 생각할 수 있다. 그리스의 도시 간 종교 정치에서 가장 중요한 공동 성소는 상대적으로 덜 중요한 도시에 위치하기 마련이었기 때문이다. 델포이의 '인보동맹(Amphictyony)' 혹은 그리스 민족 간의 종교 연맹은 본토의 예라고 할 수 있을 것이다. 같은 법칙이 범헬레네스 성소 중 가장 범헬레네스적 성소인 엘리스(부록 참조)의 올림피아에도 적용된다.

게다가 초기 밀레토스는 상고기 그리스 도시 중 가장 부유했고 문화적으로 우수했으며 모험심이 강했다. 이들은 멀리 바빌로니아(메소포타미아)와도 문화 교류를 했고 기원전 7세기가 지나기 전 나일강 삼각주까지 진출했다. 밀레토스인들은 나우크라티스에 수출입항을 건설하는 일을 도왔으며 그들

지도 3. 그리스의 식민시

의 수호신 아폴론에게 신전을 헌정하였다(이러한 상업적 식민시 건설을 통해 서방 세계는 처음으로 피라미드와 오벨리스크에 관해 들었을 것이다. 그리스 군인들에게 '피라미드'는 빵의 일종을, '오벨리스크'는 구이용 꼬치를 뜻하는 속어였다). 기원전 6세기 초 밀레토스는 서방 세계 최초의 지성인 탈레스를 배출하였다(소小레오나르도라고도 불리는 그는 여러 전설적인 업적을 거두었지만, 가장 유명한 것은 기원전 585년 일식을 예견한 일이다). 기원전 6세기 동안 이곳에서 뛰어난 선구적 사상가들이 배출되었다. 그중 유명한 사람들로는 자연철학자 아낙시만드로스와 아낙시메네스, 초기 역사가(proto-historian) 헤카타이오스가 있다. 또한 기원전 500년 직전에는 히포다모스가 태어났는데 격자구획형 도시계획(hippodamian plan)은 그의 이름에서 따온 것이다. 사실 그리스 세계 외부에는 이미 격자구획이 존재했다는 증거가 있다. 더 중요한 사실은 밀레토스는 히포다모스가 태어나기도 전에 격자구획이 되어 있었다는 것이다. 그래서 학자들은 밀레토스가 건설한 식민시 한 곳에서 이런 구획이 채택된 후 모도시로 재수출되고 히포다모스를 통해 세계적으로 유명해진 것으로 본다. 히포다모스는 기원전 470년대나 그 이후에 아테나이의 항구 페이라이에우스(Piraeus)를 격자구획으로 재개발하였다.

하지만 정치는 또다른 문제였다. 기원전 600년경 트라시불로스(Thrasybulus)라는 참주에 관한 기록이 나온다. '참주(그리스어로 티라노스tyrannos)'라는 말은 그리스어가 아니라 리디아어에서 나왔을 가능성이 높다. 리디아어 차용은 리디아의 지배자 기게스(Gyges) 때문일 것이다. 그는 기원전 7세기 초 사르디스에서 권력을 잡고 제도적 법률이 아닌 힘으로 지배하였다. 트라시불로스가 가지고 있던 권력 개념은 그가 동료 참주인 코린토스의 페리안드로스에게 해준 비언어적 충고를 통해 추측해볼 수 있다. 페리안드로스는 원래 참주 킵셀로스(Cypselus)의 아들이었기 때문에, 그에게 필요한 충고는 권력을 잡는 방법이 아니라 승계하는 방법이었다. 그래서 그는 트라시불로스에게 전령을 보내 그 방법을 구했다. 트라시불로스는 전령을 근처의 밭으로 데리고 가 키 큰 줄기들을 모두 쳐내게 한 다음 다시 페리안드로스에게 돌려보냈다고 한다. 더 큰 내적 분쟁은 기원전 550년경 파로스섬의 시민들이 '부자들'과 '수공업자들' 사이 오래된 토지분쟁의 중재를 요청했을 때 드러났다. 그가 결론으로 내놓은 것은─부의 원천이 무엇이든 상관없이─모든 부자들 간에 타협된 과두정이었다. 사제직 엘리트들도 이를 지지했다.

밀레토스의 번영, 지적 우수성, 그리고 존재 자체는 기원전 494년 페르시아인들에 의해 갑자기 사라졌다. 밀레토스가 이란 세력과 처음으로 맞닥뜨린 것은 아니었다. 이들은 그로부터 1세기 전 리디아의 네번째 왕 알리아테스(Alyattes)가 이오니아 지역이지만 상당히 동방의 영향을 많이 받았던 에페소스로부터 내륙으로 들어가 있는 사르디스에 수도를 세우면서 이미 분쟁을 겪었다. 알리아테스는 보험조로 그의 딸을 북이란 출신의 고위직 메디아인에게 시집보냈다. 이 당시 메디아는 친족인 이란 남부의 페르시아인들에게 지배력을 행사할 수 있는 위치에 있었다. 그러나 기원전 550년대에 반은 메디아계이고 반은 페르시아계인 키루스(Cyrus, 그리스어로는 Kuros)라는 사람이 이 관계를 뒤집었다. 이는 기원전 9~8세기 아시리아 제국의 등장 이후로 근동과 중동 전체에서 가장 큰 변혁이었다. 키루스는 자신이 아카메네스(Achamenes)라는 페르시아인의 후손이라고 주장하면서 아카메네스 왕조를 개창하였다. 이는 고대를 통틀어 가장 크고 빠르게 성장한 중동 제국이었다.

10년도 안 걸려 이란을 통일하는 과정에서 키루스는 그의 세력 혹은 영향력을 서쪽으로 에게해까지 확장해나갔다. 이 과정에서 ('크로이소스만큼 부자'라는 표현을 남길 정도로 부유했던 크로이소스왕 치하의) 리디아뿐 아니라 이오니아와 다른 아시아 지역의 그리스인들까지 정복하였고, 기원전 539년에는 바빌로니아(현재의 이라크 남부)를 제국에 추가했다. 이후 그는 북쪽과 동쪽으로도 확장하여 중앙아시아를 정복해나갔다. 제국은 점차 최소 스무 명 이상의 총독(satrap)들이 각자의 영역을 통치하는 방식으로 발전해나갔다. 기원전 500년에 이르자 서쪽으로는 이집트에서 그리스 북부까지, 동쪽으로는 중앙아시아와 인도 북서부까지 확장되었다.

키루스는 중앙아시아의 마사게타이(Massagetae)족과 싸우다 기원전 530년 혹은 529년에 사망하였다. 그의 아들 캄비세스(Cambyses)가 왕좌를 이어받았고 기원전 525년에 이집트를 페르시아에 복속시켰다. 그러나 캄비세스의 통치는 3년 후 살해 혹은 자살로 갑자기 중단되었다. 왕의 부재가 길어지고 왕위 찬탈 시도가 이어지면서 근래에 급하게 복속된 민족들이 해방을 요구하였으나, 이들은 캄비세스의 먼 친척인 다리우스(Darius)에게 더욱 강한 억압을 받게 되었다. 다리우스는 영리하게도 키루스의 딸 아토사(Atossa)와 결혼하여 겉으로나마 아카메네스 왕조 혈통을 계승한 것으로 보이도록 하였다.

기원전 520년 다리우스는 페르시아 제국 전체의 사회질서를 정립하였다. 그는 자신의 업적이 조로아스터교 빛의 신인 아후라마즈다(Ahura-Mazda)의 지혜 덕분에 가능하였다는 문서 기록을 여러 개 만들어 제국 전체에 배포하였다. 이를 가장 힘주어 발표한 곳은 비시툰이었는데, 페르시아와 옛 메디아의 수도인 엑바타나(현재의 하마단) 사이에 놓은 길 근처의 바위에 세 가지 언어(옛 페르시아어, 그 지방 언어인 엘람어, 바빌로니아어)로 비문을 새겼다. 또한 이 세 가지 언어를 전부 못 읽는 사람을 위해 다리우스가 아후라마즈다의 계시로 승리를 거두고 반란을 주도한 왕과 지도자 열두 명의 굴욕적인 항복을 받아들이는 모습을 거대한 부조로 묘사했다.

이 언어 중에는 그리스어가 빠져 있었다. 기원전 520년대 말 그리스인들은 제국에 복속되는 것을 어떻게 느꼈건 간에 조용히 다리우스의 지배하에 있었다. 그러나 20년 후에 이 태도는 완전히 바뀌었고, 그리스인들은 에게해 연안에서 키프로스 섬까지 일제히 일어나 반란을 일으켰다. 이 반란을 흔히 '이오니아 반란'이라고 한다. 그러나 실상 이는 아시아 지역에 살던 아이올리스와 도리스계 그리스인들이 키프로스섬에 살던 그리스인들 및 비그리스계 페니키아인들과 더불어 일으킨 반란이었다. 헤로도토스는 (델포이의 신탁도 그러했듯이) 이 반란을 탐탁지 않게 생각했다.

그때에, 오, 밀레토스여, 악행을 모의하는 자여,
너는 많은 이들의 영광스러운 선물이자 연회가 될 것이다.
그런 후 너희 아내들은 머리가 긴 남자들의 발을 씻게 될 것이며,
디디마의 내 성소는 다른 이들이 돌보게 될 것이다.

다리우스가 그리스의 반란을 진압하는 데 6년이 걸렸다

(기원전 499~494년 동안 여름에만 전쟁을 치렀다). 마지막 싸움은 밀레토스 근해 라데섬 일대에서 벌어진 대규모 해전이었다. 반란을 주도했던 도시에 대해서는 일벌백계만한 것이 없었다. 다리우스는 이 도시를 완전히 파괴하고 생존자들을 티그리스강 하구의 암페로 강제 이주시키라고 명령하였다. 동료 이오니아인인 아테나이인들에게 밀레토스의 멸망은 여러 면에서 비극이었다. 초기 비극 작가 중 한 명인 프리니코스(Phrynichus)는 기원전 493년경 〈밀레토스 함락〉이라는 연극을 올렸다. 그는 이 비극이 너무 잔인하게 아테나이인들의 슬픔을 자극하였다는 이유로 무거운 벌금을 내야 했다.

다리우스 역시 이 정도로 만족하지 않았다. 그는 그답지 않게 종교적인 복수심을 참지 못하고 밀레토스의 대표적 성소인 디디마의 아폴론 성소를 파괴하라는 명령을 내렸다. 이 성소는 델포이의 아폴론 성소와 같이 신탁을 받는 기능을 수행했다. 디디마는 밀레토스에서 남쪽으로 20킬로미터 넘게 떨어져 있었으나, 엘레우시스가 아테나이와 연결되어 있었듯이 주도시와 성도(聖道)로 연결되었다. 이집트의 파라오가 후원한 기원전 600년 이후로 디디마는 언제나 값비싼 선물을 받아왔고, 그중에는 리디아 왕 크로이소스가 보낸 금으로 된 헌정물도 있었다. 이러한 물품들은 사제직 귀족 브란코스(Branchus) 가문의 후손들인 브란키다이(Branchidae)가 관리했다. 이 장소에 처음 성소가 세워진 것은 기원전 8세기로 거슬러올라가지만 브란키다이가 이오니아 양식 신전을 지은 것은 기원전 550년대였다. 이 신전은 지붕이 없는 형태에 크기는 85×38미터였고 물결무늬가 36개씩 새겨진 기둥이 100개가 넘는 이중열주 형식이었다. 기원전 494년 이 거대한 건물은 페르시아인들의 손에 파괴되었고, 브란키다이는 박트리아(현재의 아프가니스탄)로 강제 이주당하였다.

사람들만 이주당한 것이 아니었다. 고대 중동 제국의 관습대로 물건들도 전리품조로 페르시아로 옮겨졌다. 그중 대표적인 것은 복사뼈 모양 손잡이가 달린 거대한 청동 추(93.7킬로그램)였다. 이 물건들은 수 세기 후 다리우스의 행정수도였던 이란 남부의 수사 아크로폴리스에서 발굴되었는데, 무거운 짐을 운반해야 했을 짐승들을 생각하면 마음이 쓰리다.

밀레토스는 이 책에 등장하는 다른 도시(테바이, 10장 참조)와 마찬가지로 완전한 파괴 이후에 꽤 일찍 재건되었다. 기원전 5세기 후반에 재건된 도시는 아테나이 제국의 역사, 그리고 스파르테와 아테나이의 관계에서 중요한 역할을 하게 된다. 이 시기의 가장 유명한(혹은 악명 높은) 밀레토스인은 아스파시아(Aspasia)일 것이다. 그녀는 아테나이로 이주하여 처음에는 페리클레스(Pericles)의, 이후에는 또다른 아테나이 민주주의자 리시클레스(Lysicles)의 동반자(정부가 아니었다)가 되

어 유명해졌다. 그녀가 아리스토파네스에게 매춘부로 낙인찍
혀 풍자당한 것은 그녀의 잘못이 아니었다.

제 6 장

_____

마살리아

마살리아인들의 정체(政體)는 귀족정이다. 그들의 귀족정은 역
사상 가장 질서 잡힌 것이다.
— 스트라보, 『지리』, 기원전 1세기 / 기원후 1세기

이제는 '그리스 동부'로부터 고대 그리스인들이 '황금빛 서
부'라고 경탄해 마지않았던 서쪽으로 이동하자. 이 지역은 시
킬리아로부터 메시나해협을 지나 이탈리아 남부(마그나 그라
이키아, 라틴어로 '대그리스')에 이르는 지역과 프랑스 남부, 스
페인 동해안을 포함한다. 어떤 이들에게는 미디(Midi)로, 어떤
이들에게는 프로방스(속주라는 뜻의 라틴어 프로빈키아provincia
에서 유래한다. 그곳은 현재의 나르본에 해당하는 나르보가 중심도

시였던 로마 속주였기 때문이다) 해안으로 알려진 이 길은 고대 그리스의 선원들, 무역업자들, 기원전 7세기 말에 이주해올 정착민들에게는 착취할 것이 많은 미개척지로 여겨졌다. 사실 레바논(주로 티로와 시돈)에서 온 페니키아인들은 수백 년 전 이미 이곳을 지났고 명명법 등에 흔적을 남겼으며(뒤에서 곧 살펴볼 것이다) 현재의 토스카나에서 온 에트루리아인들도 이 지역을 방문하였다. 그러나 두 민족 모두 무엇 때문인지 이곳에 영구 거주지를 건설하지는 않았다. 페니키아인들의 경우 스페인으로 가서 말라가나 카디스 같은 도시들을 세우고 지중해 서부의 남쪽 해안에 우티카와 카르타고를 잇는 일련의 정착지들을 건설하였다. 이들은 시킬리아 서쪽 끝의 전초기지(모티아나 이후 팔레르모가 되는 파노르모스)와 직접 주기적으로 교류하였다.

프로방스 해안의 몇몇 도시들은 이름만 봐서는 그리스 기원임을 알 수 없다. 앙티브(Antibes)는 원래 안티폴리스('반대 도시')였고, 니스(Nice)는 그리스 승리의 여신 니케(Nike)의 이름을 딴 니카이아였다. 가장 놀라운 것은 마르세유인데, 옛 이름 마살리아는 그리스어가 아닌 페니키아어로 '정착지'라는 뜻이다. 기원전 600년경 밀레토스에서 탈레스가 명성을 떨치고 있을 무렵, 밀레토스와 함께 이오니아에 속해 있던 포카이아(현재 터키 서부의 포싸Foça)의 그리스인 한 무리가 이곳에 와서 정착하기로 결정했다. 마르세유의 역사는 이 결정과 함께 시작된다. 일종의 애국심에서(기원전 300년경 당시 세계 최고의 탐험가 여섯 명 중 하나였을 마살리아인 피테아스Pytheas가 처음으로 영국을 지도에 포함시켰다), 또 역사 기록의 취지에서 나는 '서부 그리스인들'을 대표하는 도시로 마살리아와 시라쿠사이를 선택하였다.

훨씬 후대의 문서 사료는 포카이아에서 온 그리스인들과 현지 켈트계 리구리아인들의 결혼 이야기를 담고 있다. 대표적인 것은 건립자 프로티스(Protis, 혹은 에욱세노스Euxenus)와 리구리아 공주이자 나누스(Nannus)왕의 딸 깁티스(Gyptis, 혹은 페타Petta)의 결혼이다. 이 이야기는 (시킬리아의 메가라 히블라이아 건국신화처럼) 그리스 식민시의 좋은 면을 부각시키려는 신화였다. 다시 말해 공손한 그리스 이주민과 수용적인 현지인의 협력관계를 보여주는 이야기였다. 이와 대조적으로 어두운 면을 보자면, 기원전 700년경 스파르테에서 타라스(현재의 타란토Taranto)로 온 정착민들은 거주지를 확보하기 위해 현지의 이아피기아인과 계속 싸워야 했다. 이 싸움은 상당한 피를 흘리게 하였고 오랜 분노를 야기하였다. 그러나 마살리아 건국신화가 어디까지 진짜였는지는 또다른 질문이며 정답도 없다(앞서 말했듯이 창건자의 이름마저도 일치하지 않았다. 그리고 외교 차원의 왕족과의 결혼은 분명 훗날 덧붙여진 낭만적 장식에 불과하다).

그러나 고고학과 헤로도토스의 몇몇 구절에 따르면 마살리아의 건국자들은 실제로 이오니아의 포카이아 출신이었다. 헤로도토스에 따르면 포카이아인들은 서쪽에서 교역을 하였다. 이들은 돛을 단 상선(roundship)이 아니라 노꾼, 교역자, 전사가 한 열에 20~25명씩 2열로 노를 젓는 펜테콘테르(penteconter, '노가 50개인'이라는 뜻), 즉 긴 전함을 약간 변형시킨 형태의 배를 이용하였다. 선원의 수가 많았기에 항해 한 번에서 발생하는 이윤은 제한되었다(선원들 말고도 이윤을 나누어야 하는 사람은 많았다). 그러나 이런 배의 형태는 전반적으로 수익성을 증대시켰다. 해적뿐 아니라 페니키아와 에트루리아의 공격적인 교역 경쟁자들로부터 어느 정도 안전을 보장했기 때문이다.

마살리아 건설은 복잡한 퍼즐의 한 조각일 뿐이다. 기원전 800년경부터 에게해 출신의 모험심 강한 그리스인들은 지중해 전역으로 항해해나가기 시작하였다. 그들에게는 여러 이유가 있었다. 금속과 노예 등의 교역을 위해서, 새로운 정착지를 얻기 위해서, 새로운 사치품을 수입하기 위해서, 용병으로 싸우기 위해서, 그저 재미를 위해서. 그들은 키프로스를 경유하여 지중해의 동쪽 끝 레바논에서 페니키아인들을 만나게 되었다. 미케나이의 선형문자 B가 소멸된 이후 수 세기 동안 문맹이었던 그리스인들은 페니키아인들에게 글씨 쓰는 법을 배웠다. 그러나 이들은 페니키아 글자를 빌리는 데 그치지 않고 완전한 표음문자를 창조해내었다. 초기의 알파벳 문서 하나는 기원전 730년경 나폴리만의 이스키아(Ischia, 고대의 피테쿠사이)에 있는 그리스식 무덤에 매장된 로도스 도자기에 에우보이아 스타일로 새겨진 것이다. 5장에서 살펴본 것처럼 이 모험심 강한 그리스인들은 북동쪽으로 진출하여 헬레스폰토스와 보스포로스 해협을 지나 흑해 연안에도 정착하였다. 서쪽으로는 (이 장과 시라쿠사이에 관한 장에서 더 살펴보겠지만) 이탈리아 남부와 시킬리아를 통해 스페인 남동부까지, 그리고 북아프리카 혹은 프랑스 남부까지 진출하였다.

기원전 750년부터 지중해와 흑해 연안에 생기기 시작한 정착지들은 대부분 해안 도시였다. 그러나 (플라톤의 놀라운 표현에 따르면) '우물가의 개구리들' 같던 이 도시들을 '식민시'라고 부르는 것은 잘못이다. 사실 이들은 그리스의 새로운 독립 도시들이었다. 적어도 이들이 상업 거점이나 기착지로서 세워졌다면 독립 도시가 될 터였다. 다양한 지역에 각각의 요인들이 존재했지만, 목적지가 어디든 간에 원자재 수입과 정착 후 경작할 새로운 땅을 찾는다는 두 가지 목표는 일정했다. 그리고 거의 모든 경우 정착민들은 그 땅이나 인근 지역이나 바로 옆 동네에 사는 원주민들과 싸워야 했다.

마샬리아는 론강이라는 중요한 강 하구에 위치하여 항구로도 입지가 좋았으며 천연 언덕이 있어 방어에 용이했다. 원주민들은 설령 전해지는 것만큼 친절하지는 않았다 해도 지속적이고 성공적인 정착에 심각한 위협이 되지는 않았다. 마샬리아의 새로운 폴리스에 관해서는 알려진 바가 적다. 아리스토텔레스가 말한 '마샬리아인들의 제도'가 오늘날 남아 있었다면(300년 뒤 스트라보 시대에는 남아 있었다―이 장 첫머리 인용구 참조) 좀더 많은 사실을 알 수 있었을 것이다. 아리스토텔레스는 후학들과 함께 리케이온에서 그리스 도시 158개의 제도에 관한 글을 쓴 바 있다(8장 참조). 아마 (중세 이탈리아 도시국가들의 상인 귀족정치와 유사한) 부유한 시민들이 자체적으로 선택하고 규제하는 소규모 의회였을 것으로 보인다. 마샬리아는 놀랍도록 짧은 시간에 자리를 잡고 스페인 동북부의 엠포리온(현재의 암푸리아스Ampurias) 같은 자도시를 건설할 만큼 성장하였다. 코르도바 근처 토레스파레도네스(Torresparedones)의 발굴이 보여준 것처럼, 그리스인들이 찾고 있었던 것은 (코르도바 북쪽의 산지에서 얻을 수 있는 것 같은) 금속이었다. 그러나 기원전 550년경 에우티메네스(Euthymenes)라는 사람의 서아프리카 여정은 예기치 않은 것의 존재를 알려주었다. 그는 세네갈강 하구에서 악어 떼를 만났던 것이다.

다양한 그리스산 상품들이 에게 해안으로부터 마샬리아

를 통해 내륙 원주민들에게 전해졌다. 가장 인상적인 것은 단연 빅스 크라테르(Vix Krater)라고 불리는 커다란(높이 1.64미터, 무게 208킬로그램, 부피 1.1리터) 포도주 희석용 청동 항아리인데 기원전 530년경 스파르테에서 만든 것으로 보인다(도판 3). 항아리 목에는 그리스 중장보병들이 전진하는 모습이 부조 프리즈(frieze)로 새겨져 있고 손잡이는 얌전하게 치장한 여자 조각으로 마무리되어 있다. 이 작품은 손(Saône)강과 센(Seine)강이 만나는 빅스에 위치한 켈트족 공주의 무덤에 매장되어 있었다. 이는 경제적·사회적·정치적 투자의 형태였을 가능성이 높다. 그리스인이 지역 원주민 족장에게 준 외교적 선물이자 실제로 사용할 수 있는 물건이었을 것이며 켈트족의 성대한 주연에서 포도주를 물에 희석하는 데 사용되었을 가능성이 높다(어쩌면 희석하지 않았을 수도 있다. 그리스인들은 술을 희석해서 마시지 않는 것을 문명화되지 않은 '야만인들'의 특징으로 생각하였다).

그러나 포도주는 어디서 생산되었을까? 빅스 크라테르에 담겼을 희석한(혹은 희석하지 않은) 포도주는 그 지역에서 생산되었을 가능성이 있다. 마살리아의 그리스인들이 그보다 한두 세대 전 프로방스 지역에 처음으로 포도주를 소개했기 때문이다. 기원전 600년부터 1500여 년간 포도 생산은 그리스 농업의 원천적 특징이 된다. 그러나 이 지역의 포도주가 특별

3. 마살리아의 빅스 크라테르

한 맛을 내지는 않았을 것이다. 포도주를 희석하는 것은 문명화된 그리스인들에게 문화적 필수성이기도 했지만 맛을 내기 위한 기능도 있었다. 그러나 역사시대 초기에 그리스의 몇몇 포도 생산지(특히 키오스와 타소스)에서 우수한 품질의 포도가 생산되어 지역에 고유한 형태의 테라코타 항아리(amphora)에 담겨 수출되었다. 마살리아는 포도주 무역 도시로 자리잡게 되자 주요 기착지로서의 핵심 상품으로 자체 상표를 내건 포도주 항아리를 생산하고 수출하였다.

어떤 학자들은 포도주뿐 아니라 올리브도 마살리아의 그리스인들을 통해 프랑스 남부에 전파되었다고 주장한다. 흑해 연안에 새롭게 정착한 그리스인들에게 올리브유를 수출한 것이 포카이아인과 같은 이오니아인들이었다는 점은 분명하다. 그곳 기후에서는 올리브나무가 자라지 못하기 때문이다. 서쪽으로 향한 식민시 주민들은 당연히 이러한 올리브유 교역에 익숙했을 것이다. 마살리아에 올리브 뿌리나 묘목을 처음 가져간 부류가 이들일 수도 있지만, 이탈리아 남부에서 이미 자라고 있었을 가능성도 배제할 수 없다. 심지어 그리스인들이 아니라 페니키아인들이나 에트루리아인들이 기름 생산이 가능한 씨를 레바논이나 토스카나에서 가져와 프랑스 남부에 뿌렸을 가능성도 있다(기원전 600년경 좌초된 에트루리아 배가 질리오Giglio 섬 근처에서 '발굴'되었다). 마살리아가 (크로톤이나

타라스 같은 그리스 서부 도시들과 달리) 그리스 문자문화나 시각문화에 큰 공헌을 하지는 못했을지라도, 지금까지 서유럽의 흥을 고취시켜준 액체(포도주와 올리브유)를 보급한 것만으로도 중요한 위치를 차지한다.

기원전 545년경의 신흥세력 페르시아 제국은 에게해 연안에 그들의 이름을 알렸다(앞 장 참조). 헤로도토스는 페르시아가 마살리아인들의 모도시 포카이아를 포위하고 점령한 이야기를 전한다. 남은 포카이아인들은 페르시아의 '노예'가 되는 대신 선조들을 따라 상당히 그리스화된 서부로 향하였다. 은유적으로 말하자면 그들은 '배를 불태워버렸다'. 다시 말해 쇳덩어리를 바다에 던지면서 신들에게 그 쇠가 다시 파도 위로 떠오를 때까지(즉 절대로) 고향에 돌아가지 않겠다는 무시무시한 맹세를 한 것이다. 자발적 망명을 떠난 그들은 처음엔 코르시카에 살았고 이후 이탈리아 발끝에 위치한 레기온(현재의 레조칼라브리아)에 정착했다. 그러나 이야기의 결론은 절대로 '절대'라는 말은 하지 말라는 것이다. 망명자들의 후손은 2~3세대 후 기원전 480년대에 그리스-페르시아 전쟁이 끝나고 평화가 찾아오자 고향으로 돌아갔다. 이들은 아테나이와 반페르시아 해상연맹을 맺고 매년 '공물'로 은 3탈란톤을 내게 되었다(8장 참조).

그들은 시종일관 적어도 몇 년에 한 번씩은 올림피아나 델

포이에서 마살리아의 친족들을 만났다. 마살리아인들은 자기
선전 효과를 노리며 그들이 이룬 막대한 부로 이곳에 청동 그
릇이나 작은 조각상, 시민들이 만든 금 장신구 등 값비싼 헌정
물을 보관할 대리석 보고를 세웠다(부록 참조).

제 7 장

스파르테

밤은 재빠르게 찾아왔다. 나는 마지못해 리쿠르고스의 그림자와 테르모필라이의 기억을 비롯한 모든 역사와 이야기가 남아 있는 이 유명한 유적지를 뒤로했다.

— 샤토브리앙, 『그리스, 팔레스타인, 이집트, 바르바리 여행기』, 1811년

이 책에서 다룬 모든 도시들 중에서도 스파르테는 분명히 아주 짧은 입문서라는 이 책의 형식을 반겼을 것이다. 그들은 간략하게 말하는 것이나 짧은 말재간에 능했다. 그래서 지금도 그러한 형식의 말을 '라코니아식'이라고 한다. 이 명칭은 고대에 그들을 일컫던 이름인 '라코네스(Lakones)'에서 유

래했다. 이런 말들의 사례는 많으며 또한 전설적이다. 내가 가장 좋아하는 사례는 기원전 525년경 일어난 일로 헤로도토스 3권 46장에 등장한다. 사모스의 망명자들이 자신들의 복권을 위해 스파르테인들에게 '그들의 필요에 걸맞게 긴 연설'을 했다. 그러나 스파르테인들은 연설이 너무 길고 복잡하다고, 사모스인들이 처음에 한 이야기의 요지를 잊어버려서 그후의 연설을 이해하지 못했다고 응수했다. 사모스인들은 그들의 말뜻을 바로 알아듣고 다시 도움을 요청할 때는 공식 연설 대신 빈 자루를 가리키며 '자루에 보릿가루가 없다'고 비유적으로 이야기했다. 스파르테인들은 이 '자루'의 비유마저도 길다고 평가하였지만 군사 원조를 해주기는 했다.

스파르테인들에게는 말보다 행동이 중요했다. 스파르테에 관한 문헌 사료가 아테나이의 것보다 적은 이유 역시 이로써 설명된다. 실제로 스파르테인들은 글쓰기를 워낙 싫어해서 일부러 스파르테의 법을 성문화하지 않았고, 묘비에 글을 새기는 것도 두 가지 경우를 제외하고 암묵적으로 금지했다. (플루타르코스에 따르면) 전투중에 죽은 군인과 직무중에 죽은 여사제가 그 두 경우에 해당했다(스파르테 여성의 지위에 관해서는 뒤에서 다루겠다). 영웅적 군인에 적용된 예외조항은 놀랍다. 기원전 5세기 말, 혹은 기원전 4세기 초까지도 그리스의 모든 도시국가 중 오직 스파르테만이 전쟁에 대비하여 훈련하였

다. 앞으로 살펴보게 되겠지만 실제로 그들의 생활양식 전반
은 전시에 대비한 것이었다. 이렇듯 특별한 사회 분위기가 생
겨난 동기는 이들이 모든 그리스인을 복속시키길 원했기 때
문이다. 그들은 스스로의 생활양식을 변화시킴으로써 단지
그리스인들을 복속시키는 데 그치지 않고 스파르테의 경제
기반을 마련할 생산성까지 갖추려 했다.

　이러한 결과는 기원전 11~10세기엔 예견하기 어려운 것이
었다. 이 시기는 후기 청동기시대인 기원전 1200년경 발생한
대변동 이후 긴 휴식기를 거쳐서 스파르테에 최초로 거주 흔
적이 나타난 때였다. 이 지역은 전통적으로 펠로폰네소스반
도 남동쪽 에우로타스 계곡의 비옥한 땅을 중심에 두고 타이
게투스(Taygetus, 해발 2404미터)산과 파르논(Parnon, 해발 1937
미터)산으로 둘러싸인 곳을 가리키며 로마식으로 라코니아라
불렸다. 라코니아에서는 아직 미케나이 시대의 성채가 발굴
된 바 없다. 그러나 메세니아의 필로스에서 발굴된 성채가 실
제로 미케나이 시대 것이라면 『일리아스』에서 언급하듯이 메
넬라오스의 성일 것이다. 그는 아가멤논왕의 동생이자 아름
다운 헬레네의 남편이다. 그렇다면 그의 성채는 유로타스 계
곡 어디엔가 위치해 있었어야 한다. 즉 옛 스파르테가 있던 북
쪽 끝이거나 최근에 선형문자 B 서판이 발굴된 아기오스 바실
레이오스가 있는 남쪽이다.

전자는 옛 스파르테인들이 선호하던 위치다. 그들은 기원전 700년경 시내에서 동쪽으로 불과 몇 킬로미터 떨어진 에우로타스강을 내려다보는 절벽에 메넬라오스와 헬레네를 위한 성소와 신전을 지었다. 또한 몇 킬로미터 남쪽에 위치한 아미클라이에서 메넬라오스의 형 아가멤논을 숭배한 증거가 발견되었다. 그러나 스파르테인들에게 중심이 되는 성소는 '도시를 지키는' 아테나에게 바쳐졌으며, 아크로폴리스로 알려진 곳(아테나이의 것과 비교하면 시시한)에 세워졌다. 또한 문화적으로 메넬라오스나 헬레네, 심지어 아가멤논의 성소보다 중요한 그 지역 초목과 생명의 여신 오르티아(Orthia, 이후 사냥과 야생의 경계, 성적 미성숙에서 성숙으로의 전환기를 관장하는 여신 아르테미스와 일치되었다)의 성소가 에우로타스 강변에 세워졌고, 아폴론과 히아킨토스(Hyacinthus)의 성소는 정치적으로 스파르테의 일부였던 아미클라이 남쪽에 세워졌다.

먼저 종교를 살펴보자. 모든 고대 그리스인들에게 종교와 정치는 밀접하게 연관되어 있었으나 스파르테인들은 유독 종교적이었고 미신적이었기 때문이다. 헤로도토스는 스파르테인들이 순전히 인간적인 문제보다 종교적인 문제를 더 중요하게 여겼다고 두 차례에 걸쳐 전했다. 물론 모든 그리스인들이 그러긴 했지만, 숱한 여행 경험이 있던 이 역사학자가 말한 바는 스파르테인들의 종교적 의무에 대한 관념이 다른 그

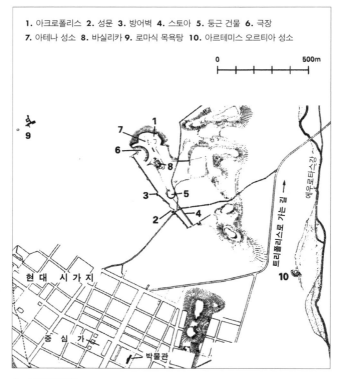

1. 아크로폴리스 2. 성문 3. 방어벽 4. 스토아 5. 둥근 건물 6. 극장
7. 아테나 성소 8. 바실리카 9. 로마식 목욕탕 10. 아르테미스 오르티아 성소

0 ⊢─┬─┬─┬─┬─┤ 500m

현 대 시 가 지

중 심 가

박물관

4. 스파르테 지도

리스인들의 그것보다 과했다는 뜻이리라. 그들은 전조나 징후를 매우 심각하게 여겼다. 예를 들어 그들의 모든 법 조항은 델포이의 아폴론 신탁을 따른 것이었다. 이는 그들이 여타 그리스 도시국가들과 다르다는 것을 보여주는데, 여타 그리스 도시국가들은 해외 식민시를 정당화시킬 때만 아폴론의 신탁을 받았던 것이다. 그러나 이는 스파르테의 해외 식민시가 하나밖에(타라스) 없었기 때문일 것이다. 식민시가 수십 개나 있었던 밀레토스와는 분명히 다르다.

신화적으로 스파르테인들은 '헤라클레스의 후예들'이 자기네 도시국가를 세웠다고 생각했으며 어떻게 이 영웅의 후예들이 정당한 소유권을 회복하기 위해 도리스인들과 함께 '돌아왔는지'에 대한 복잡한 이야기를 만들어냈다. 그러나 고고학적 사실은 앞서 언급했듯이 시기상으로는 기원전 11세기 말에서 10세기 초에 스파르테 최초의 거주지가 발견된다는 것이다. 그리고 (아미클라이와 달리) 스파르테에서는 후기 청동기시대와 암흑기 초기 사이의 문화적 격차가 크다. 실제로 오르티아 성소에서 발견된 몇몇 형편없는 그림 도기와 나선무늬 실패, 그리고 아미클라이 신전에서 발견된 단순한 청동 유물 외에는 기원전 8세기 후반 이전의 거주지를 입증할 만한 물건이 전혀 발견되지 않았다.

이는 스파르테가 자기네 영토의 두 배도 넘는, 호메로스 시대부터 메세네로 알려진 이웃 도시를 완전히 정복하여 팽창하겠다는 운명적 결정을 내린 시기이기도 했다. 정복 과정에서 그들은 비옥한 파미소스 계곡(크기는 에우로타스 계곡과 비슷하나 더 비옥했다)에 사는 메세니아인 상당수를 복속시켜 헤일로테스('포로'를 의미)라는 노예와 같은 신분으로 만들었다. 이 정복으로 스파르테인들은 (분배 문제가 남아 있긴 했지만) 영토 부족이 불러올 모든 문제를 해결했으나 평생 내부에 적을 안고 있게 되었다. 메세니아인들은 스파르테인들과 마찬가지로 도리스계 그리스인이었으며 그중 다수가 그리스인임에도 부당하게 자유를 박탈당했다는 사실을 자각했기 때문이다. 더구나 헤일로테스들은 기회가 닿을 때마다 자유를 되찾고자 저항할 준비가 되어 있었다. 그들은 복속된 지 몇 세대 후인 기원전 7세기 중반에 처음으로 저항했다. 기원전 669년 스파르테가 히시아이에서 아르고스인들에게 패하자 기운을 얻어 저항했던 것이다(4장 후반부 참조). 스파르테인들이 이 저항을 잠재우는 데는 수년이 걸렸다. 저항이 잠잠해지자 그들은 스파르테를 특별한 그리스 도시국가로 변화시키는 개혁에 돌입하였다.

이 개혁은 리쿠르고스(Lycurgus, '늑대-일하는 자')라는 전설적인 입법자가 단행했다고 전해진다. 그러나 그가 제정했다는 법들을 혼자서 단번에 모두 입법할 수는 없었을 것이다. 그가 실존하지 않았다고 해도 이상할 것은 없다. 어쨌든 그는 나중에 신으로 종교적 숭배를 받게 되었다. '리쿠르고스의' 개혁은 경제, 정치-군사, 사회 세 분야에 대한 것이었다.

경제적으로는 토지 분배가 이루어졌다. 이는 새로 획득한 메세니아 땅에 관한 것이었는데, 모든 스파르테인은 최소 얼마간의 토지를 받았다(클라로스klaros, '몫'을 의미). 공동 소유지와 거기서 일할 헤일로테스들도 있었다. 스파르테의 토양과 경관, 기후는 라코니아와 메세니아 모두에서 올리브를 재배하기에 적합했다(그래서 현대에도 메세니아의 칼라마타 올리브가 유명하다). 이로 인해 스파르테 청소년들과 성인 남성들이 나체로 운동을 하고(그리스어 김노스gumnos는 '나체'를 의미하며 그리스어 gumnasion, 영어 gym의 어원이 된다) 청동으로 된 때 미는 도구(strigil)로 몸을 민 후 올리브유를 바르는 문화가 생겼다. 기름을 담는 특별한 단지도 있었는데 아리발로스(aryballos)라고 했다. 아리발로스는 흙이나 청동으로 만들어 아테나나 아르테미스 같은 신에게 바치기도 했다. 다른 그리스인들도 스파르테식 문화를 따라했다. 남성의 나체 운동경기는 올림픽과 같은 범헬레네스 경기에 남성성을 부여해 곧 쿠로스(kouros)라는 그리스식 조각상의 등장을 불러왔으며 비그리스인에 대한 우월성을 드러내는 문화 지표가 되었다. 그리스인들은 비그리스인들이 자기네의 보잘것없는 나체를 공공장소에서 보이기 꺼린다고 믿으려 했다.

정치-군사적으로는 모든 스파르테인들이 전사 의회의 회원으로서 평등한 투표권을 지니게 되었다. 그러나 그들은 표가 아닌 함성으로 의결했고, 의회 위에는 30명의 연장자로 구성된 귀족주의 원로원(게루시아Gerousia)이 존재했다. 두 명의 스파르테 왕(세습되는 공동주권으로 항상 동일한 두 귀족 가문에서 나왔다)은 은퇴하면 원로원 회원이 되었다. 디오스쿠로이(Dioscuri)로 알려진 쌍둥이 신 카스토르와 폴룩스는 스파르테와 특별한 인연이 있어서 전장에서 지상의 양두정치를 상징하는 천상의 이미지로 그려졌다. 왕들 이외의 원로원 회원 28명도 의회의 함성으로 선출되었으나 실제로는 시민 중 연장자였다. 60세 이상의 귀족 가문 출신으로 평생회원에 선출된 이들이었기 때문이다. 모든 스파르테 시민(적통 태생의 성인 남성)은 중장보병으로 무장할 수 있었으며 기원전 7~6세기에는 그 수가 8000~9000명에 달했다. 다른 그리스 도시국가의 중장보병은 그 3분의 1 정도였다. 어떤 그리스 도시국가의 시민이 500명에서 2000명 사이라고 한다면 중장보병 수는 1000명 이하였을 것이다. 스파르테의 중장보병 수는 이의 9~10배가 된 것이다.

스파르테의 사회구조는 군대와 완전하고 조화롭게 연결되어 있었기 때문에 규칙적이기도 했다. 스파르테 소년은 7세부터 중앙 도시국가 주도의 감독하에 공동으로 '교육받았다'. 도시국가의 새로운 지도자들은 매년 선출되는 다섯 명의 에 포로스, 즉 '감독관'이었다. 이들은 7~18세 스파르테 소년들 의 종합적이고 강제적인 교육 혹은 훈련을 담당했다. 가장 유 명한 스파르테의 에포로스는 킬론(Chilon)으로, 기원전 6세기 중반에 활동했다. 양쪽 왕가 모두와 혼인으로 연결되었던 그 는 스파르테의 특별한 관습대로 사후에 영웅으로 공식 숭배 되었다. 여기서 영웅이란 인간으로 태어났지만 사후에 인간 상위의 존재로 격상되어 종교적 숭배를 받은 자를 뜻한다. 모 든 스파르테의 왕들은 공과에 관계없이 자동적으로 동일하게 영웅숭배를 받았다.

스파르테의 시민권은 굉장한 특권이었다. 스파르테인 부모 에게서 태어나면 부여되는 법적인 권리가 아니라 획득해야 만 하는 것이었다. 첫번째 관문은 성장의 모든 단계를 통과하 는 것이었다. (엘리트 일부에게는 18~20세에 한 가지 관문이 더 있 었다. 거의 성인이 된 이들이 '야생으로 나가는 것'이었는데, 각자 도 시의 관리된 일상에서 벗어나 상식이 통하지 않는 야생에서 성인 남 성이 될 준비를 마쳤다는 증거로 단검 하나만 가지고 밤에 만나는 모 든 헤일로테스들을 죽여야 했다.) 이 '크립토이(Kryptoi)', 즉 비밀 요원들은 스파르테인들과 헤일로테스의 긴장관계에서 공식 적인 협박 도구가 되었다. 아리스토텔레스가 헤일로테스들을 자기 주인을 죽이려고 평생 때를 노리는 적에 비유한 것도 놀라운 일은 아니다.

스파르테의 경계는 기원전 8세기 말에 이미 북쪽으로 아르고스에 이를 만큼 팽창했다. 따라서 아르고스와의 대결이 불가피해졌다. 고대 그리스의 전쟁은 이웃간의 영토분쟁이 대부분이었다. 기원전 6세기 전반은 '리쿠르고스의' 개혁이 이미 충분히 뿌리내린 후였다. 스파르테인들은 에우로타스 계곡을 따라 아르카디아로 팽창할 필요성을 느꼈다. 그러나 테게아 평원에서 예상치 못한 저항에 맞닥뜨리자 정복을 포기하고 상징적인 헤게모니 장악에 만족하기로 했다. 어쨌든 스파르테인들이 기원전 2세기까지(그러나 이때 무서운 적의 침입을 받았다, 10장 참조) 도시의 성벽을 짓지 않았다는 것은 아르고스인이나 아르카디아인은 물론 그 어떤 도시국가도 그들을 공격할 수 없었다는 의미일 것이다. 사실 스파르테는 실제적으로 완전한 도시화가 이루어지지 않았다. 다섯 개의 '마을들'(네 개의 원마을과 기원전 8세기 중엽에 추가된 아미클라이)이 각각 일정한 독립성을 유지하며 도시국가를 이루었다. 예를 들어 네 개의 원마을들은 스포츠 경기를 열어 서로 다투었다. 아미클라이에서는 그들의 지방신 아폴론이 숭배받았으며 매년 그를 기리는 히아킨티아(Hyacinthia) 축제가 열렸다. 모든 도리스인들이 아폴론을 위해 여는 카르네이아 축제와는 다른 것이었다.

기원전 8~7세기에 부상한 스파르테는 강한 전사 공동체였다. 그들의 힘과 8000제곱킬로미터에 이르는 방대한 영토(그들의 영토는 그리스에서 가장 컸다. 두번째인 시라쿠사이의 영토는 4000제곱킬로미터밖에 되지 않았다)는 그리스인을 헤일로테스, 즉 '포로'라고 부르며 반노예로 착취하고 스파르테 남성들에게 아주 어린(그렇다고 절대 연약하진 않았지만) 나이부터 엄격한 군사훈련을 시키는 토대 위에서 가능했다. 상고기 내내 스파르테는 그리스에서 가장 강력한 도시국가였다. 기원전 6세기 중엽부터 이들은 펠로폰네소스 도시국가들을 규합하여 군사·정치 동맹을 결성하고 그들의 헤게모니를 정착시키려 했다(그래서 현대에는 이를 '펠로폰네소스 동맹'이라고 부른다). 동맹의 기능 하나는 헤일로테스 내란에 대비하는 것이었다. 기원전 480~479년 페르시아에 저항하여 거둔 뜻밖의 승리에서 스파르테는 단연 이 동맹의 맹주였다.

기원전 540년대에 이미 리디아의 왕 크로이소스(Croesus)는 아카메네스 왕조의 키루스에 위협을 느끼고 스파르테에 원조를 요청했다. 스파르테는 아시아 대륙에 군사를 보내기보다 키루스에게 완강한 외교서신을 보내 리디아의 친구를 위협하지 말라고 이르는 편을 택했다(키루스는 업신여기듯 '스파르테인들이 누군데?'라고 말했다고 전해진다). 따라서 스파르테를 오래 지배한 클레오메네스 1세(기원전 520~490년경) 통치기까지 페르시아와의 외교는 시급한 정치문제가 아니었다. 클레오메네스의 통치와 생애가 기이하게 끝났을 무렵 페르시아인들이 처음으로 그리스 본토에 쳐들어왔지만 이는 아테나이인들의 마라톤 승전으로 끝났다(다음 장 참조). 스파르테인들은 페르시아에 대한 저항에 무조건 동의했으나, 그 유명한 전투 이전에 아테나이인들을 도우러 전장에 도착하지 못했다. 종교적인 의무를 지켜야 해서 제때 출발하지 못했기 때문이라고 하나, 국내에서 주기적으로 일어나던 헤일로테스 반란 때문이었을 가능성도 있다.

10년 후에는 상황이 많이 바뀌었다. 기원전 486년 크세르크세스(Xerxes)가 아버지 다리우스를 이어 페르시아의 왕이 되었다. 그는 바빌로니아와 이집트 등 제국 내부의 문제를 해결하자 기원전 484년부터 '그리스 문제'를 해결하는 데 모든 주의를 돌렸다. 기원전 480년 그는 육로와 해로로 대규모 원정을 떠났는데 이는 헤로도토스의 주요 주제가 된다. 헤로도토스는 그리스인들의 치부도 여과 없이 드러냈다는 점에서 인정받는데, 그에 따르면 페르시아에 대항해 싸운 그리스인들보다 페르시아 편에서 싸운 그리스인들이 더 많았다고 한다. 게다가 이미 크세르크세스가 그리스 본토에 깊숙이 침입해 들어온 상황에서도, 페르시아에 대항해 싸운 소수의 그리스인들(그리스 본토의 약 700개 도시국가 중 31개뿐이었다) 사이에서는 작은 싸움들이 계속되었다고 한다. 그중 한 예로 포키스인들은 단지 인접한 테살리아인들이 페르시아 편에서 싸운다는 이유로 페르시아의 적대국이 되었다고 한다! 아르고스인들 역시 사실상 '친페르시아화'했지만(우리 적(스파르테)의 적은 우리 친구다) 테바이처럼 완전히 페르시아에 협조하는 선까지 가지는 않았다.

헤로도토스는 페르시아에 대한 저항이 성공한 공로를 아테나이에 돌렸다. 그들은 자국의 은광 수입 덕에 갖춘 그리스 최고의 해상력을 바탕으로 기원전 480년 8월 살라미스 전투에서 승리했다. 그러나 그만큼 중요했던 사기 고양은 몇 주 전 테르모필라이에서 있었던 스파르테인들의 희생 덕분이었으며, 기원전 479년 여름 보이오티아의 플라타이아 승전에서 결정적 역할을 한 것도 스파르테인들이었다.

그렇게 스파르테는 (아테나이와 함께) 그리스-페르시아 전쟁에서 '승리했다'. 그리고 그리스의 '황금기'로 일컬어지는 이후의 독보적인 부흥을 가능케 했다. 그러나 스파르테는 황금기를 가능하게 했을 뿐 스스로는 부흥을 누리지 못했다. 그것은 다음 장인 아테나이와 관련된 부분이다. 그러나 고대 그리스 역사뿐 아니라 서구 전통에 대한 스파르테의 영향력이 과소평가되어서는 안 된다. 기원전 5세기 말부터 (스파르테와 아테나이 사이의 정치적·군사적·문화적 반목에 따른 결과로) 현대 역사가들이 스파르테 '환상' 혹은 '신화'라 부르는 현상이 나타났다. 스파르테는 주목을 받게 되었는데, 한편으로는 '라코니아주의자(친스파르테주의자)' 같은 이론가 및 정치가들에게 본받아야 할 이상적인 도시국가 모델로 추앙받고 한편으로는 피해야 할 모델로 혹평을 받았다.

스파르테의 여성(그리스의 전통적 기준으로 볼 때 이례적으로 '자유로웠다'. 예를 들어 자신의 권한으로 토지를 소유하거나 팔 수 있었다), 헤일로테스(앞의 내용 참조), 이방인(스파르테는 유달리 이방인을 두려워했다), 이 세 집단의 역할과 사회적 지위에 관해서는 논란이 아주 많다. 로마 제국의 초기 정복기에 스파르테가 그들의 고대사를 일종의 테마파크처럼 신화화하고 상징적인 지위를 얻은 결과라 하겠다. 단연 이 신화 창조의 주역이었던 플루타르코스는(그는 리쿠르고스의 '성인전'을 썼다) 100년경 스파르테를 방문해 그와 같은 외국인 관광객을 위해 죽어라 일하는 청소년들을 보았다. 260년대에 헤룰리(Heruli)로 알려진 '이방인들'의 약탈자 무리가 이미 활력을 잃어버린 이 공동체를 친 것은 스파르테의 청소년들에겐 오히려 축복이었을 수도 있다.

이러한 우여곡절에도 불구하고 스파르테는 영어에 세 개의 단어를 물려주었다. 억압받는 하위 집단이나 민족을 의미하는 '헬로트(helot)', '라코니아식〔스파르테식 말투〕(laconic, 이 장 첫머리 참조)', 그리고 당연히 '금욕적인, 예비의, 극기심 있는' 이라는 뜻의 '스파르테식(spartan)'이다. 그러나 기원전 7~6세기 스파르테를 방문한 사람이라면 누구나 그리스식 상품(특히 아름답게 장식된 토기 술잔이나 6장에 나오는 빅스 크라테르처럼 세밀하게 만들어진 청동 제품, 작은 조각상)이 생산되어 자체 소비되고 수출되는 것을 보며 스파르테를 '스파르테답게' 만드는데 요구된 사회경제적 변화에 놀라움을 금치 못했을 것이다. 이러한 변화는 최소한 기원전 4세기에 정착되었다.

가장 그럴듯한 설명을 한 마디로 말하자면 '헤일로테스'다. 헤일로테스의 노동력 착취에 기반한 사회를 만들기 위해 스파르테인들이 치러야 했던 비용은 도시국가를 군사 기지화하는 것이었다. 그 보상은 물론 매우 컸다. 스파르테는 기원전 7세기 중엽부터 기원전 4세기 초까지 단일 도시국가로는 그리스 전체에서 단연 가장 강력한 보병을 가졌으며, 기원전 480~479년에는 전 그리스와 서구의 역사에 결정적인 역할을 했다. 그 역할은 결코 이기적이라고도 비열하다고도 할 수 없는 것이었다. 이 도시국가 자체는 '상고기적'이었으나, 이들로 인해 그리스 전체에 고전기가 꽃피게 되었던 것이다.

제 8 장

아테나이

대작은 단순히 홀로 탄생한 것이 아니다. 이는 오랜 세월에 걸쳐 여럿이, 한 무리의 사람들이 생각해낸 결과이다. 이로써 대중의 경험이 하나의 목소리에 묻어나게 된다.

— 버지니아 울프, 『자기만의 방』

빅토리아 시대 베스트셀러였던 『폼페이의 마지막 날들』의 작가 에드워드 벌워 리턴의 한 소설은 다음과 같이 시작한다. "어둡고 폭풍우가 몰아치는 밤이었다……." 그리하여 현대소설 분야에서 매년 수여되는 '가장 끔찍한 첫 문장' 상에 벌워 리턴의 이름이 붙게 되었다. 그러나 최근 알려진 것과 같이 리턴은 남다른 성향의 작가이기도 했다. 그는 처음으로 고대 아테나이를 민주주의의 어머니 혹은 선구자라고 말한 사람들 중 한 사람이었다. 그때까지 서구의 정치적 사유와 이데올로기는 반민주주의적·친스파르테적이었다. 그러나 미국과 영국에서 발전한 새로운 근대 대의민주주의와 새로운 그리스 독립국가 건설, 그리고 19세기 서구 유럽에서 자라난 고대 그리스를 정치의 선조 혹은 모델로 보는 경향은 본질적으로 매우 다른 아테나이의 직접 민주주의에 대한 태도를 유하게 바꾸었다. 1830년대부터 높아진 아테나이의 위상은 오늘날까지 지속되고 있다. 스파르테가 독재 정권이나 전체주의 정권과 연결되면서, 또한 아테나이를 플라톤이 '지혜의 도시'라고 불렀으며 투키디데스에 따르면 페리클레스가 '모든 헬라스의 학교'라고 일컬었다는 사실로(그리하여 — 물론 소수를 위한 것이었지만 — 자유와 평등에 기반한 고차원적 문화가 탄생할 수 있었다) 아테나이에 대한 경외감이 고취되면서 이런 견해는 더욱 힘을 얻었다.

해안으로부터 8킬로미터 내륙으로 들어와 있던 고전기 아테나이는 이집트에 알렉산드리아가 세워져 번성하기 이전 그리스 세계에서 가장 큰 도시이자 가장 복잡한 도시로 성장하였다. 이 도시는 세 도시가 하나로 통합된 형태였기 때문에 누군가는 아테나이가 '단순화되었다'고 할 수 있을 것이다. 첫째로 정치 독립체로서의 아테나이, 즉 폴리스 아테나이가 있다. 이는 도심과 약 2400제곱킬로미터의 교외(코라)인 아티케 (Attike, '아테나이인들의 땅'이라는 뜻(라틴어로 아티카))를 뜻한 다. 전 그리스 세계에서 (스파르테와 시라쿠사이에 이어) 세번째 로 크며, 500제곱킬로미터가 넘어 전체 폴리스 중 상위 10퍼 센트(약 100개 정도)에 드는 크기다. '일반적으로' 폴리스의 영 토는 100제곱킬로미터보다 작았다. 다른 각도에서 보면 아 테나이는 기원전 500년부터 139개 이상의 데모스, 즉 '마을' 로 이루어졌는데 그중 소수를 제외하고 거의 대부분이 외곽 에 위치했다. 둘째로 아크로폴리스, 즉 '높은 도시'가 있다. 때 로는 그냥 '폴리스'로 불린 이곳은 상징적인 중심지 역할을 했 다(도판 5). 아마도 미케나이의 성채와 같은 역할이나 기원전 6세기까지의 페이시스트라토스 가문과 같은 참주 혹은 독재 정권의 권좌 역할을 했을 것이다. 그러나 적어도 기원전 500 년경에는 종교적 공간으로 변모하였다. 물론 아테나이인들의 종교관은 현대의 우리와 달라서 신전(파르테논)을 국고로 삼 는 것을 이상하게 생각하지 않았다. 기원전 600년경부터 아 크로폴리스 밑자락에 위치하여 유기적으로 연관되었던 공간 은 아고라로 불렸으며 시민들의 모임 장소이자 아테나이 상 업과 정치의 중심이었다. 그 근처에 프닉스 언덕이 있었다. 참 주정이 끝나고 민주정 시대가 도래했을 때 아테나이인들은 이곳에서 민회(ecclêsia)를 열었다. 셋째로 아테나이는 그리스

폴리스 중 유일하게 영토 안에 페이라이에우스라는 제2의 중심지를 가지고 있었다. 기원전 5세기에 이곳이 놀라운 속도로 성장하자 아테나이인들은 밀레토스의 히포다모스에게 이 지역의 구획을 맡겼다.

이러한 이유로 아테나이는 그리스의 다른 어떤 도시보다 우수하였다. 그러나 아테나이가 다양한 안팎의 요인으로 다른 도시들보다 많은 고고학·미술사·문헌 자료를 생산해냈다는 점도 무시할 수 없다. 키케로의 글에서 한 인물이 말했듯이 "이 도시 어디를 가든 역사 속의 한 장면을 걷고 있는 느낌이 든다". 실제로 이렇게 깊은 역사를 보여주는 사료가 2002년에 알려졌다. 시킬리아 원정에서 전사한 아테나이 시민 80인의 이름이 새겨진 대리석 비석이 발굴된 것이다. 이 비석은 원래 케라메이코스(도자기공 구역)라 불리던 도시 공동묘지에 세워진 기념비였다가 로마 후기(4~5세기)에 방벽 일부로 재활용된 것이 베나키(Benaki, 이집트 알렉산드리아 출신의 그리스인 인명에서 따온 이름) 박물관의 이슬람 소장품 전시 준비의 일환으로 진행된 발굴 도중 19세기 신고전기 건물 아래에서 발견되었다.

결과적으로 학계와 대중은 아테나이중심주의(Atheno-centricity)로 흐르기 쉬우나, 이는 경계해야 한다. 그러나 다른 도시국가들과 함께 논할 때 아테나이에 할애되는 분량을 제한하기란 쉬운 일이 아니다. 여기에는 더 복잡한 요인이 있다. 흔히 '황금기', 혹은 위대한 지도자의 이름을 따서 '페리클레스 시대'로 불리는 기원전 450~400년 그리스 세계 전체의 역사는 아테나이 역사를 중심으로 쓰여야 하기 때문이다.

신화적인 면에서는 크노소스, 미케나이, 아르고스, 스파르테 등 고대의 모든 그리스 도시국가처럼 아테나이 역시 전설적인 과거가 있었다. 한 기원설화에는 두 명의 올림포스 신(아테나와 포세이돈)이 등장한다. 이들은 아테나이의 제1수호신 자리를 두고 꽤나 꼴사나운 경쟁을 벌였다. 이 경쟁에서 아테나는 제우스의 머리에서 탄생했다는 탄생설화를 차치하고라도 이름 때문에 불공평하게 우위를 점하고 있었다. 어찌됐든 그녀의 호전적인 페르소나, 실용성을 중시하는 지혜와 기술, 그리고 아테나이인들에게 유용한 선물이 된 올리브나무까지 유리하게 작용하여 아테나가 경쟁에서 승리했다. 고전기 아테나이 은화의 앞면에는 올리브 관을 쓴 아테나 두상이, 뒷면에는 아테나를 상징하는 작은 올빼미가 올리브나무 가지를 물고 있는 모습이 새겨져 있었다. 또다른 건국신화는 초기의 왕인 에렉테우스(Erechtheus)에 관한 것이었다. 에렉테우스는 뱀과 유사한 에릭토니오스(Erichthonius)와 혼동되었다. 그러나 이 신화는 역사시대에 다른 두 신화에 의해서 사라지게 되었다(아테나이에 특별히 건국신화가 많다는 점은 이 도시의 기원이 불명확하다는 것을 드러낸다).

첫째는 아테나이 원주민들이 아티카 땅으로부터 태어났다는 터무니없는 신화다. 이 '토착' 신화의 목표와 기능은 실상 다양한 출신과 배경을 가진 사람들의 공동체를 인위적으로 유전적 유사성을 지닌 사람들의 공동체로 만들려는 것이었다. 둘째는 아테나이를 세웠다고 추정되는 '도시국가' 영웅 테세우스에 관한 신화들이다. 그는 아티카의 집주(synoecism)를 이루었다고 여겨졌다. 집주란 서로 다른 아티카의 마을들을 하나의 공동체, 즉 '아테나이인들의' 폴리스로 합친 것을 말한다. 다시 말해 다양한 마을들의 서로 다른 정체성을 하나로 정제시킨 것이라 할 수 있다. 또한 아테나이가 기원전 500년경 민주정을 이룩하자 테세우스는 신화적으로 이 정치체제의 창시자가 되었다. 그러나 그는 그 공을 두 명의 '참주 살해자' 하르모디오스(Harmodius) 및 아리스토게이톤(Aristogeiton)과 나누어 가져야 했다. 이들은 참주를 죽인 것이 아니라 그 동생을 죽인 것이었고, 그 일도 아테나이에 민주정이 도입되기 몇 해 전에 있었던 것이긴 하지만 말이다.

이 신화들 뒤에는 역사적으로 사실인 기억들도 있을 것이다. 예를 들어 테세우스가 크노소스의 미로에서 미노타우로스(Minotaur, '미노스의 황소')를 죽인 것은 아테나이와 미노스 문명 크레테 사이의 관계를 반영하는 것일 수 있다. 그러나 합리적인 고고학적 근거가 더 확실할 것이다. 고고학적 근거는 아테나이를 비롯한 아티카 지역이 펠로폰네소스 남서쪽에 위치한 메세니아 같은 도시국가들보다 미케나이와 미케나이 이후 시대에 타격을 덜 받아 기원전 1200년경의 위기로부터 빠르게 회복할 수 있었음을 보여준다. 이는 아테나이가 기원전 11~10세기 '이오니아인의 이주'에서 최소한 집결지로서 중요한 역할을 했다는 신화를 어느 정도 믿을 수 있게 한다(5장 참조). 그러나 기원전 9세기 중엽에서 특히 8세기까지는 사실상 경제적 '도약'이 보이지 않는다. 이 시기가 되어야 겨우 케라메이코스 무덤의 증거에서 국내의 번영과 외국과의 관계가 보이기 시작한다. 이때 꽤 큰 규모의 이주가 가능했을 것으로 보이며, 페니키아의 기능공들도 이 시기에 들어왔을 것이다 (이들은 잘 알려졌다시피 그리스 알파벳의 원천이 된다).

그러나 고고학적 근거를 보면 기원전 7세기는 아테나이와 아티카의 침체기라고 볼 수 있다. 그리고 흐릿한 존재에서 점차 역사에 기록될 만한 도시국가로 부상할 때 아테나이는 혼란(stasis) 상태에 있었다. 여기서 혼란이란 도시 내의 자잘한 분쟁으로부터 내전이라고 할 만한 큰 분쟁까지 아우르는 개념이다. 기원전 620년경에 드라콘이라는 입법자가 몇몇 범죄에 대해 무서운 형벌을 규정한(그래서 영어에 '드라콘의 draconian'라는 말이 생겼다) 일련의 법령을 제정했다. 그러나 정치 혼란을 누그러뜨리려는 이 정책은 실패했다. 더 효과적인 법이 요구되었고, 솔론(Solon)에 이르러 아테나이의 진짜 역사가 시작된다. 부유한 귀족이었던 솔론은 기원전 594년에 아주 어려운 정치 분쟁을 해결해야 하는 곤경에 처한다. 이 싸움은 구식 복고주의 귀족과 솔론 자신과 같은 진보적 귀족, 그리고 귀족은 아니지만 부유한 계층 사람들과 아테나이의 가난한 시민들(솔론은 그의 시에서 이들을 데모스dêmos라고 불렀다) 사이에서 벌어졌다. 가난한 시민들은 부유한 시민들에 대한 채무로 힘들어하고 있었다. 기원전 594년의 혼란은 처음도, 마지막도, 가장 심각한 것도 아니었다. 가장 심한 혼란은 기원전 411년과 404년에 일어났다고 할 수 있는데 뒤에서 다시 살펴볼 것이다. 그러나 기원전 594년의 혼란이 특별한 점은 솔론의 해결책이 매우 효과적이고 지속 가능해서, 되돌아봤을 때 기원전 6세기 말의 민주주의 혁명을 가능하게 했다는 점이다. 이 성공으로 솔론은 그리스의 '7현자'에 등극하게 된다.

솔론의 아테나이 시민에 대한 제한적 권한 이양과 기원전 508/7년 클레이스테네스의 더 급진적이고 실로 민주적인(데모크라티아dêmokratia는 '데모스의 권력'이라는 뜻이다) 권한 이양 사이에는 페이시스트라토스(Pisistratus, 기원전 527년 사망)와 그의 아들 히피아스(Hippias, '참주 살해자'들에 의해 그의 동생이 죽은 지 4년 만인 기원전 510년에 타도당했다)의 참주제가 있었

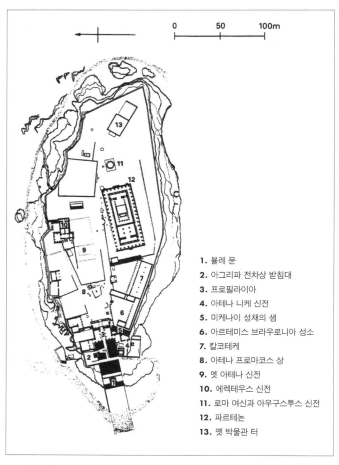

1. 불레 문
2. 아그리파 전차상 받침대
3. 프로필라이아
4. 아테나 니케 신전
5. 미케나이 성채의 샘
6. 아르테미스 브라우로니아 성소
7. 칼코테케
8. 아테나 프로마코스 상
9. 옛 아테나 신전
10. 에렉테우스 신전
11. 로마 여신과 아우구스투스 신전
12. 파르테논
13. 옛 박물관 터

5. 아테나이의 아크로폴리스

다. 페이시스트라토스 가문이 이룬 것은 솔론의 정치경제 개혁을 바탕으로 아테나이의(엄밀히 말하면 아티카의) 문화 통일과 증가하는 인구의 정치 참여 독려였다. 클레이스테네스가 이룩한 정치 지형 변화는(물론 기원전 508/7년 민주주의 개혁의 공로는 그에게 돌아갔지만) 이들이 기반을 닦아놓았기에 가능한 것이었다. 게다가 대중의 정치 참여 확대는 아테나이의 군사 역량 또한 증대시켰다.

아테나이의 군사력은 기원전 490년 여름 아티카 동쪽에 위치한 마라톤에서 벌어진 전투로 확인되었다. 고전기 아테나이의 군사 역사를 안다면 아테나이 해군이 언제나 강했다고 생각하기 쉽겠지만, 아테나이의 민심이 해군력을 증대시키는 방향으로 바뀐 것은 마라톤 전투 전후의 10년간이었다. 마라톤 전투는 보병의 승리였다. 이 전투는 화려한 전적의 전략가인 밀티아데스가 실질적으로 지휘했는데, 그는 이주한 귀족으로 기원전 510년대에 페르시아 편에서 트라키아의 케르소네소스반도를 지배한 바 있었다. 이 지역은 오늘날 갈리폴리(Gallipoli)반도라고 불리는 다르다넬스 서쪽을 가리킨다.

그러나 기원전 508/7년 아테나이가 민주주의 개혁을 치르자 아테나이인들은 페르시아를 동방의 악한 폭군으로 인식하게 되었고, 자기네 동족인 소아시아의 이오니아인들이 페르시아의 지배에서 벗어나야 한다고 생각하기에 이르렀다. 이들은 기원전 499년 이오니아 반란을 지원했다. 그러나 이는 이오니아인들을 해방시키기에 역부족이었거니와 페르시아 제국이 처음으로 그리스 본토를 정복하거나 최소한 진압하도록 하는 동기가 되었다. 기원전 490년에 다리우스 1세는 왕족 가문의 서열이 높은 아르타프레네스(Artaphrenes)와 해군 지휘 경험이 풍부한 메디아인 다티스(아시아의 그리스인들을 처음 정복한 자의 이름과 같다)에게 해군 공격을 맡겼다. 처음에는 모든 일이 잘 풀리는 듯했다. 이들은 이오니아 반란을 지원한 또 다른 그리스 도시국가인 에우보이아섬의 에레트리아(Eretria)를 파괴하고 살아남은 자들을 이란의 심장부로 이주시켰다. 그러나 곧 마라톤 전투가 벌어졌고, 타협할 줄 모르는 용맹으로 진격하는 아테나이 보병들에게 페르시아인들은 완벽하게 패배했다. 이 전투에서 페르시아 쪽은 6400명이 사망했다고 전해지며 이에 반해 아테나이 쪽에서는 192명의 사망자만 나왔다(이들은 아테나이인들에게 영웅으로 추앙받았고 이들에 대한 공식적인 숭배가 이루어졌다). 아테나이 편에서는 단 하나의 그리스 도시국가가 싸웠을 뿐이다. 바로 보이오티아의 플라타이아로, 11년 후에 그 땅에서 페르시아에 대한 그리스의 더욱 결정적인 승리가 이루어질 터였다.

밀티아데스는 마라톤의 영웅이었지만 몇 달 후에 그 명성을 잃게 되었다. 아테나이의 미래는 통상적으로나 군사적으

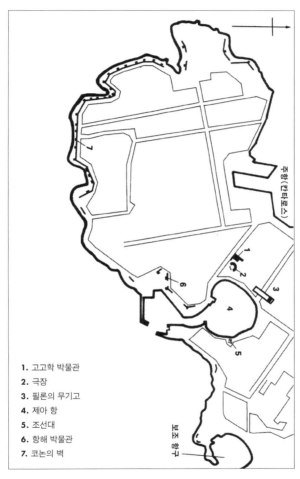

주항(칸타로스)

보조 항구

1. 고고학 박물관
2. 극장
3. 필론의 무기고
4. 제아 항
5. 조선대
6. 항해 박물관
7. 코논의 벽

6. 아테나이의 페이라이에우스 항구 지도

로나 바다에 있었다. 이는 신기한 선견지명을 지닌 테미스토클레스(Themistocles)가 예견한 바였다. 아테나이(그리고 그리스)의 천연자원은 아티카 남동부 라우리온의 은광이었다. 기원전 483/2년에 풍부한 은광이 발견되자 테미스토클레스는 이를 분배하기보다 그리스에서 가장 훌륭한 대규모 최신식 3단노선을 건조하여 페이라이에우스 항에 기지를 두자고 의회를 설득했다(도판 6). 각각의 3단노선(용어사전 참조)은 170명의 노군이 필요했고 물속에서 공격할 수 있는 충각이 있었다. 원래 가볍고 빠른 3단노선은 장교, 키잡이, 피리 연주자, 수병 등 30명의 적은 인력만 승선했으며 그리스가 아니라 페니키아에서 처음 만들어졌다. 그리스인들은 3단노선을 받아들이는 데 유난히 오랜 시간이 걸렸는데 이런 배가 정교하기 때문이기도 했지만 짓고 유지하는 비용이 많이 들었기 때문이다. 아테나이같이 천연자원이 풍부하고 노예 노동력이 풍부한 도시국가에서나 200척 이상의 3단노선을 갖춘 해군력을 생각할 수 있었다. 아테나이는 이 일을 단 2년 만에 성공적으로 해냈다.

기원전 480년 살라미스 해협에서 페르시아 해군을 (주로 페니키아인이었다) 격파한 것은 이 선단이었다. 대규모 병력을 이끌고 원정 온 다리우스의 아들 크세르크세스를 격파한 것은 아니었고, 크세르크세스가 원정 임무를 완수하고 오라며(이쪽

이 더 어려울 것이었다) 남기고 떠난 마르도니우스(Mardonius)
를 격파한 것이었다. 대충 계산해봐도 마르도니우스는 30개
정도 되는 자잘한 그리스 도시국가들을 충분히 이길 수 있었
을 것이다. 그러나 기원전 479년 여름 플라타이아 육상전에
서 스파르테인들이 보여준 패기와 전술, 그리고 이에 못지않
았던 살라미스 해전에서 아테나이인들이 보여준 모습은 모두
훌륭했다. 그뒤로 남은 것은 정리하는 정도일 뿐이었다. 사모
스섬 건너편 아시아 해변의 미칼레에서 아테나이 해군의 지
휘하에 전투가 벌어졌다. 하지만 그 이후는 어떻게 되었을까?
스파르테인들은 태생적으로 육지 생활을 좋아해서 더이상 에
게해와 아시아 지역의 분쟁에 휘말리지 않길 바랐다. 그래서
아시아의 그리스인들 해방전쟁은 이를 수행할 능력과 의지가
있던 단 하나의 도시국가, 즉 아테나이의 몫이 되었다.

우리가 '델로스 동맹'이라고 부르는 것은 기원전 478/7년
아테나이인들이 만든 해상연맹이었다. 이들은 페르시아 제
국을 격파하여 그 영향에서 완전히 벗어날 때까지 동맹을 지
키겠다고 신 앞에 경건하게 맹세했다. 이 맹세가 이루어진 아
폴론의 섬 델로스는 이오니아인들이 매년 축제를 여는 장소
이기도 했다. 의식을 주관하는 사람은 아테나이의 장군 아리
스티데스(Aristides)였다. 그에게는 '정의로운 자'라는 별명이
있었는데 공납금과 후원금을 공정하게 매겼기 때문이다. 그

러나 동맹은 시초부터 아테나이 위주의 기구였다. '에게해 조약기구(Aegean Treaty Organization)'나 '델로스 조약(Delos Pact Powers)'이라고 부르는 편이 나았을 정도로 불평등한 동맹이었던 것이다. 200개국 대부분은 아테나이의 힘과 선의지에 완전히 의지할 수밖에 없었고, 아테나이가 부당하게 헤게모니를 휘두르지 않는 한 돈으로든 인력으로든 공납금을 낼 준비가 되어 있었다. 동맹이 가장 공고했던 기원전 5세기 말에 아테나이의 국내외 수입은 연 1000탈란톤 정도 되었다. 마케도니아의 필리포스(Philip)왕이 등장할 때까지 어떤 그리스 도시국가도 넘어보지 못한 금액이다.

몇 년이 지나자 낙소스와 같이 어느 정도 힘이 있던 도시국가들은 아테나이가 권력을 남용한다고 생각하고 동맹 탈퇴를 원하며 반기를 들었다. 그러나 그들은 결국 동맹에 남을 수밖에 없었고 반기를 든 대가만 치르게 되었다. 그로부터 '아테나이 제국'에 대한 논쟁이 불붙게 되었다. 과연 제국이 민주적일 수 있는가? 다시 말해서, 민주정이 제국을 효과적으로 운영할 수 있는가?

아테나이는 동맹의 주적 페르시아 외에도 (처음에는 직접적으로 드러나지 않았지만) 그리스의 또다른 다국간 군사동맹인 스파르테를 위시한 펠로폰네소스 동맹(이 역시 현대적 개념이다)의 견제를 받았다. 에게해의 '슈퍼파워'들은 몇 차례의 분쟁을 통해 냉전 상태에 이르렀다. 기원전 465년에는 전략적으로 중요하며 부유한 섬나라 타소스가 아테나이 동맹에서 빠져나가려고 했다. 마라톤 전투의 명장 밀티아데스의 아들 키몬(Cimon)은 동맹 초기부터 아테나이 해군력의 주요 지휘자였던 만큼 이 문제를 해결하려 했다. 그는 개인적으로 아테나이와 스파르테의 '이원체제'를 선호했고, 이러한 입장을 드러내기 위해 아들의 이름을 라케다이모니우스(Lacedaemonius, '스파르테인'이라는 뜻)라고 지었다. 그러나 이 두 도시국가가 냉전 상태에서 전시 상태로 들어가는 데는 오래 걸리지 않았다. 기원전 460년 그리스 본토에서 제1차 펠로폰네소스 전쟁(기원전 460~445년)이 벌어졌다. 시대착오적이고 어색한 이름이지만, 더 잘 알려진 기원전 431~404년의 아테나이-펠로폰네소스 전쟁과 구별하고자 이렇게 부르는 것이다.

소위 제1차 펠로폰네소스 전쟁의 승자는 분명하지 않다. 평화조약은 아테나이와 스파르테가 각자의 영향권을 인정하기로 한 것이었다. 더 흥미로운 점은 이와 관련된 또다른 현상이다. 바로 기원전 460년부터 아테나이-펠로폰네소스 전쟁이 일어나기까지 수십 년간 전장이 아닌 아테나이 시내에서 공공건축이 이루어지고 민주정이 강화된 것이다. 아테나이의 아고라는 건축을 통해 도심의 모습을 제대로 갖추기 시작했고, 페이라이에우스 역시 이와 상응하여 아테나이의 항구로서 발전했다. 아고라 너머에는 당연히 아크로폴리스가 있었고 기원전 450년부터 페리클레스의 청사진을 통해 구축된 재정으로 재정비가 이루어졌다. 이 가운데 가장 뛰어난 업적은 페이디아스(Phidias)가 거대 신상과 신전 건설에 참여한 파르테논(기원전 447~432년 건설)과 에렉테이온(Erechtheum)이었다. 이 두 신전은 도시의 수호신 아테나에게 바쳐졌다.

그리스인과 비그리스인, 여행자와 거류외인을 불문하고 많은 외지인들이 이 전대미문의 강력하고 풍요로운 제국으로 몰려들었다. 이들 중에는 시라쿠사이 출신의 케팔로스(Cephalus)같이 노예를 소유한 무기 제조업자나 압데라 출신의 프로타고라스(Protagoras)와 시킬리아 레온티니 출신의 고르기아스(Gorgias)같이 소피스트('지혜와 기술을 전하는 사람'이라는 뜻)로 알려진 철학자들, 수공업자들과 은행가들, 상인들, (자기 의지에 반하여 오게 된 수많은) 노예들이 있었다. 아테나이 내에서도 수많은 인재들이 나왔다. 극작가로는 아이스킬로스, 소포클레스, 에우리피데스, 아리스토파네스 등이 있고 역사가로는 투키디데스가 있다. 또한 조각가나 건축가로는 페이디아스, 익티노스(Ictinus), 칼리크라테스(Callicrates) 등이 있다. 아테나이 출신이 아닌 인사로는 다음 사람들이 대표적이라고 할 수 있다. 히포크라테스는 에게해의 코스(Cos)섬 출신으로 '서양의학의 아버지'라고 알려졌으며, 아르고스 출신의 폴리클레이토스(Polyclitus)는 '카논(이상적 모델)'으로 알려진 남성 나체상을 만들었다.

이 시대의 일반 아테나이 시민들은 가난했지만 복 받은 사람들이었다. 해군 함대에서 노꾼의 역할이 중요해지면서 보수가 좋아졌고, 이에 따라 이들에게 정치적 힘이 생겼다. 이들이 정치에 참여할 수 있도록 배심원 수당제가 도입되었다. 에피알테스의 개혁을 이어받은 페리클레스는 기원전 461년 반세기를 이어온 민주정 발전에 쐐기를 박았다. 유사 이래로 일반 시민이 이 정도의 권력을 가진 적은 없었다. 물론 시민에는 성인 남자만이 해당되었다. 시민 수가 5만 명에 이르자(아테나이의 총 인구는 대략 25~30만 명 정도였다. '일반적인' 폴리스의 인구는 수백에서 수천밖에 되지 않았다) 아테나이인들은 자신들의 특권을 지키려고 여러 장치를 마련했고 특히 결혼제도를 통해 시민권을 얻는 데 여러 제약을 두었다. 결혼제도와 관련한 가장 중요한 법안은 페리클레스가 기원전 451년에 발의했는데, 부모가 모두 시민인 사람만 아테나이 시민이 될 수 있도록 하였다.

이러한 장치를 마련해둔 것은 아테나이에 특히 많은 메토이코이(metoikoi[거류외인, 즉 폴리스 내에 거주하는 외국인])가 주로 경제적 이유에서 유입되었기 때문이다. 이들은 그리스 전역으로부터 들어왔고 그리스가 아닌 키프로스섬의 페니키아인

도시 키티온 등에서도 왔다. 메토이코이는 70여 개의 그리스 도시국가에 존재했다고 알려졌는데 그중 아테나이에 가장 큰 규모인 최대 만 명 정도가 있었다고 한다. 남녀 모두 인두세를 내야 했으며 남성들은 징집대상이 되었고 시민 보증인을 세워 데모스에 등록해야 했다. 아테나이의 몇몇 메토이코이는 부나 교양 등의 매력으로 아테나이 시민들과 긴밀한 관계를 맺었다. 페리클레스의 연인인 밀레토스의 아스파시아(5장 참조)나 앞서 언급된 시라쿠사이의 케팔로스 등이 그러하다. 특히 케팔로스는 페리클레스가 직접 초대했다고 전해지며, 플라톤은 『국가』에서 자신의 이론을 논하는 장소로 페이라이에우스에 있는 케팔로스의 집을 택하기도 했다. 여기서 주목할 점은 페리클레스가 이러한 인맥을 갖게 되면서 스스로 제정한 기원전 451년의 법에 영향을 받았다는 점이다. 물론 이 법은 대중적인 인기를 얻었지만 페리클레스 자신에게는 별로 유리하지 않았고 스스로 원하던 바도 아니었다. 그럼에도 불구하고 몇몇 현대 역사가들은 유례없는 인구 증가로 기원전 430년대에도 성인 남성 시민 6만여 명이 탄생하여 제국 내 식민시들로 시민을 이주시켜야 하는 상황에 이르렀다고 주장한다. 오늘날의 우크라이나와 크리미아반도로부터 엄청난 양의 밀이 아테나이로 수입된 것도 사실이다.

이제 와서 아테나이의 멸망은 예견된 일이었다고 말하기

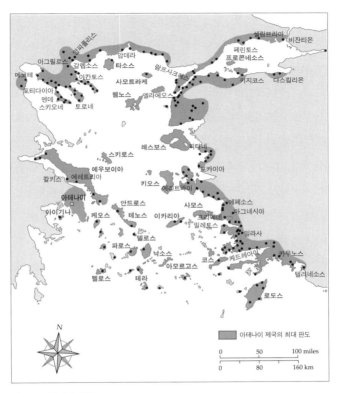

셀림브리아
비잔티온
페린토스
프로콘네소스
윙퍼폴리스
압데라
아그릴로스
갈렙소스
타소스
람프사크레
메토네
이칸토스
키지코스
다스킬리온
포티다이아
사모트라케
렘노스
엘라에오스
멘데
스키오네
토로네

레스보스
피타네
스키로스
포카이아
에우보이아
칼키스
에레트리아
키오스
에리트라이
안드로스
사모스
에페소스
아테나이
케오스
테노스
이카리아
프리에네
마그네시아
아이기나
밀레토스
밀라사
파로스
델로스
낙소스
코스
케드레아이
카우노스
아모르고스
텔리네소스
멜로스
테라
로도스

N

아테나이 제국의 최대 판도

| 0 | 50 | 100 miles |
| 0 | 80 | 160 km |

지도 4. 아테나이 제국

는 쉬울 것이다. 그러나 당시에도 몇몇 아테나이인들은 아테나이가 히브리스(hybris, 다른 그리스 도시국가들의 위엄을 훼손한 자만)에서 출발해 네메시스(nemesis, 신이 내린 응징)에 이르는 롤러코스터를 탔다고 생각했다. (페르시아의 재정 지원이 결정적이었던) 펠로폰네소스 전쟁에서 스파르테가 승리한 것이 바로 그 응징이라는 것이다. 그러나 기원전 430년 아테나이를 강타한 역병을 제외하면(최근 아테네 지하철 공사중에 집단 무덤이 여럿 발굴되었다) 전쟁의 첫 10년 동안 두 세력은 팽팽한 관계를 유지했다. 기원전 421년의 평화조약 후 곧바로 아테나이와 스파르테 간에 따로 조약이 맺어진 사실만 봐도 알 수 있다. 투키디데스가 너무 간략하게 소개한 것이 아쉽지만, 상황을 역전시킨 것은 기원전 415년에서 413년까지 이루어진 아테나이의 시킬리아 원정이었다(스파르테와 평화조약을 맺은 기간에 원정을 단행했던 것이다). 이 원정의 목표는 시라쿠사이를 점령하는 것이었는데 이에 관해서는 다음 장에서 다루겠다. 그럼에도 불구하고 아테나이는 꽤 짧은 시간 안에 재기했다. 스파르테는 두 차례나 평화를 제안했지만, 아테나이는 이를 받아들이지 않았다.

전쟁 말미에(기원전 413~404년) 전투는 주로 두 곳에서 벌어졌다. 한 곳은 아테나이 땅인 아티카였다. 스파르테의 왕 아기스 2세는 기원전 413년 아테나이의 성벽이 보이는 데켈레이아에 진을 치고 8년간 주둔했다. 이는 아테나이인들의 사기 저하 외에도 세 가지 측면에서 아테나이에 영향을 주었다. 첫째, 아테나이인들이 경작지를 잃었다. 둘째, 라우리온 은광의 투자자들을 잃었다. 그리고 마지막으로 공업, 광업, 농업에 종사하던 2만 명 이상의 노예들이 도망쳤다. 대개는 데켈레이아로 도망쳤는데 결국 자유를 얻지 못하고 스파르테의 공식 '전리품 판매상'을 통해 보이오티아에, 특히 테바이인들에게 팔렸다(10장 참조).

전투가 벌어진 다른 한 곳은 에게해 동쪽 연안과 그 북쪽으로 이어진 흑해 연안이었다(12장 참조). 이곳에서의 전투는 보통 '이오니아 전쟁'이라고 부른다. 밀레토스를 비롯한 아나톨리아 이오니아가 큰 피해를 입었기 때문이다. 이곳에서는 스파르테의 장군 리산드로스와 아테나이의 알키비아데스(Alcibiades)가 붙었다(이들 모두 『플루타르코스 영웅전』에서 다루어졌다). 알키비아데스는 아테나이의 귀족 가문에서 태어났고 스파르테에도 인맥이 있었다. 그는 정해진 정치 노선이 없었고 다만 자신의 욕망에 따라 행동했다. 그는 기원전 415~413년의 시킬리아 원정을 떠나자고 설득한 책임이 있었으며, 기원전 414년 민주주의자들에게 불경함을 이유로 고소당하자 스파르테로 망명했다. 그는 심지어 거기서 스파르테인들에게 데켈레이아에 주둔지를 건설하라고 조언하기도 했다. 스파르테가 주둔지를 건설한데다 아테나이가 민주정을 포기하면 페르시아의 재정 지원을 받을 수 있다는 알키비아데스의 설득 탓에 기원전 411년 과두정부가 들어섰다. 이 정부의 핵심인물은 법률전문가이자 연설문 작성자이며 철학자이기도 한 안티폰(Antiphon)이었다. 소위 '400인회'라는 단체에 권력이 집중돼 아테나이에 큰 악영향을 끼쳤다. 이들은 아르기누사이의 승전 장수들을 모두 사형에 처하는 어이없는 판결을 내리기도 했다. 이 정부가 곧 좀더 온건한 과두정으로 바뀐 것이 다행이라면 다행이었다.

. 리산드로스도 알키비아데스 못지않게 욕망이 컸다. 그는 페르시아 왕자인 젊은 키루스와의 개인적 친분을 통해 기원전 407년과 405년 두 차례에 걸쳐 함선을 짓기 위한 원조를 받았다. 그는 실제로 이 함선들을 이끌고 아테나이에 도전하였으며 마침내 그들의 땅에서 승리를 거두었다. 드디어 헬레스폰토스의 아이고스포타모이('염소의 강')에서 마지막 전쟁이 일어났다. 리산드로스는 이미 제 기능을 못하던 아테나이 선단을 교란시켜 승리를 거두었다. 곧이어 아테나이와 페이라이에우스를 봉쇄하였는데, 기원전 404년 배고픔에 허덕이던 아테나이는 할 수 없이 스파르테에 항복하고 치욕적인 협정을 맺게 된다.

이후로 아테나이는 딱히 옛 영광을 되찾지 못했다. 그 배고

폰 겨울이 지나자 아테나이는 크리티아스(Critias)가 이끄는 겨우 30명뿐인 과두주의자들('30인 참주')의 손에 넘어갔다. 얼마 안 지난 기원전 403년에 민주정이 회복되기는 했지만, 기원전 399년 소크라테스의 사형은 아테나이 민주정의 역사에 씻을 수 없는 오점을 남겼다. 그의 죄목은 두 가지였다. 하나는 아테나이가 숭배하는 신을 숭배하지 않았다는 것(그리고 도시국가가 인정하지 않을 새로운 신을 스스로 창조해냈다는 것), 다른 하나는 젊은이들을 타락시켰다는 것이다. 젊은이들을 타락시켰다는 것은 민주정의 반역자인 알키비아데스와 크리티아스의 추종자들을 가르친 것을 말했다. 이 죄목들이 전부 사실은 아니었음에도 불구하고 배심원 501명 중 대다수가 그에게 유죄 판결을 내렸고 사형을 선고했다(그는 스스로 독약을 마시라는 판결을 받았다). 소크라테스는 플라톤(크리티아스의 친척이다)에 따르면 철학자답게 죽음을 맞이했다.

그래도 나름대로 괜찮은 시대가 이어졌다. 이 시대에는 플라톤이 있었고(기원전 347년 사망) 위대한 조각가 프락시텔레스, 웅변가 데모스테네스(기원전 322년 사망), 정치가 리쿠르고스, 희극 작가 메난드로스 등이 탄생했다. 역시 이 시대 사람이었던 아리스토텔레스(기원전 322년 사망)는 아테나이에 고등교육 시설 리케이온을 설립했다. 기원전 378년에 아테나이는 제2의 아테나이 동맹을 맺으면서 제국의 권력을 되찾고자 했다. 이 연맹에는 원래 적이었고 스파르테의 동맹국이었던 테바이가 초기부터 참여하였다. 10여 년 후에는 스파르테가 힘을 잃어 상황이 아테나이에 유리해질 듯했다. 그러나 이 무렵 테바이가 강력한 도시국가로 부상하게 됐고, 결국 아이러니하게도 기원전 360년대에 아테나이는 테바이에 대항하기 위해 스파르테와 동맹을 맺게 된다.

이 삼각관계의 치명적인 결과는 이후 테바이에 관한 장에서 다루겠다. 그러나 이 장을 좀더 긍정적으로 마치기 위해 기억해둘 것이 있다. 아테나이는 민주정과 예술성, 철학적 고찰 등을 통해 '고전기' 그리스의 '황금기'를 상징하게 되었다. 그리고 이러한 이유 때문에 이 도시국가는(이때에 이르러서는 하나의 도시에 지나지 않았지만) 독립국가 '헬라스(Hellas〔현대 그리스〕)'의 영원한 수도가 되었다.

제 9 장

시라쿠사이

······우리의 발길은 닿았다.

풍요로운 은혜의 땅 히에론에,

히에론은 양떼가 많은 시킬리아에서

정의의 지팡이를 휘두른다······.

— 핀다로스, 「첫번째 올림포스 찬가」

저명한 학자 모지스 핀리(Moses Finley, 1986년 사망)는 1970
년부터 1979년까지 케임브리지 대학에서 고대사 교수를 역
임했다. 대단한 영재였던 그는 첫번째 학사학위를 15세에 뉴
욕 시러큐스 대학에서 받았다. 미국에는 이처럼 고대의 유명
한 도시 이름을 딴 도시들이 많다(시러큐스에서 그리 멀지 않은

곳에 롬Rome도 있다). 그래도 고대 그리스의 도시국가 이름이 가장 많이 사용된다. 조지아주에는 애선스(Athens)가 있고 테네시주에는 스파타(Sparta)도 있다. 이 스파타는 시민권 운동 이전의 인종차별을 다룬 로드 스타이거와 시드니 포이티어 주연의 유명한 영화 〈밤의 열기 속에서〉의 무대가 되기도 했다. 시러큐스(Syracuse〔이 책에서는 그리스어 이름인 시라쿠사이를 사용한다〕)는 그리스와 로마 중간에 위치해 그리스로 볼 수도 있고 로마로 볼 수도 있다.

앞서 6장에서 그리스 서쪽 식민시가 제한적 여건의 그리스 본토에 비해 넓고 풍요롭고 번영하는 '황금빛 서부'로 여겨졌다고 살펴본 바 있다. 그러나 물질적 풍요뿐 아니라 가장 멋진 육체를 자랑한 것도 이곳이었다. 스파르테의 도리에우스(Dorieus)왕이 시킬리아에 새 식민시를 세우려다 실패한 기원전 515년경 '세상에서 가장 아름다운 남자'는 크로톤의 필리포스(Philippus)였다. 이탈리아의 엄지발가락 끝에 위치한 이 도시는 이후 신화적인 호화로움의 도시 시바리스(영어의 'sybarite'나 'sybaritic'이 이 도시 이름에서 유래했다)를 정복한다. 오늘날 이 도시는 마피아가 득세하여 혼란스러우며 따라서 여전히 극심한 가난에 허덕이고 있다. 우리에게는 그다지 매력적이지 않은 이 도시로 기원전 8세기 후반부터 그리스 서부의 주민들이 이주하였다. 시킬리아의 여러 도시에 정착한 그리스 이주민들 중 가장 성공한 부류는 시라쿠사이에 정착한 사람들이었다.

이곳의 기원 신화는 다음과 같다. 고약한 강의 신 알페이오스(Alpheius, 그리스 강의 신들은 모두 남성이다)는 아름다운 물의 요정 아레투사(Arethusa)를 흠모하게 되었다. 그의 관심이 싫었던 아레투사는 서쪽으로 도망가 시라쿠사이에서 영원히 흐르는 샘이 되었다고 한다. 사람들은 이 신화가 진짜라고 믿었는데, 실제로 맑은 물줄기가 펠로폰네소스반도 서부에서 시킬리아 동쪽 해안까지 흐르고 있었기 때문이다. 아마도 시라쿠사이에 처음 정착한 사람들이 그곳에서 조금 떨어진 작은 섬(오르티기아, '메추라기 섬'이라는 뜻)에 실제로 맑은 샘이 흐르는 것을 발견하고 아레투사(어원학적으로 '빠르게 흐르는'이라는 뜻)라는 이름을 붙인 것을 설명하기 위해 이 신화를 지어냈을 것이다. 고대 그리스 연대기들은 정착 시기를 대략 기원전 733년으로 보고 있으며, 이 연대는 오르티기아의 고고학적 발굴을 통해 믿을 만한 것으로 받아들여졌다.

그러나 정착민들이 펠로폰네소스반도 출신인 것은 사실이었어도 알페이오스가 발원한 아르카디아 출신도 아니었고, 알페이오스가 아레투사를 쫓아가기 위해 바다로 들어간 엘리스 출신도 아니었다. 그들은 코린토스, 더 정확히는 그 안의 작은 마을 테네아 출신이었다. 정착민의 후손들은 자기네 출신지만큼은 정확하게 알고 있었다. 코린토스는 '큰 도시국가' 였고 테네아는 이 폴리스의 작은 도시였다. 이들이 시라쿠사 이에 정착하게 된 이유에 관해 한 가지 일화(사실일 테지만 약 간 미화된 듯한)가 전해진다. 서쪽으로 가는 배에서 이주민 한 명이 당장 너무 배가 고픈 나머지 자신이 가진 '돈줄' 즉 시킬 리아 동부의 크고 경쟁력 있는 농지를 케이크 한 조각과 바꿨 다. 그 케이크 조각이 그의 마음에 들었길 바랄 뿐이다. 결국 이주민들을 움직이게 한 것은 면적이 90제곱킬로미터밖에 되 지 않았던 코린토스의 가난이었다는 이야기다. 그러나 가난 만이 이유는 아니었다. 가난은 실패 탓이 아니라 완전하지 못 했던 성공 탓이었기 때문이다.

기원전 730년대에 코린토스의 지배계층은 하나의 귀족 가 문이었다. 바키아데스(Bacchiads)라는 이 가문의 이름은 시조 바키스(Bacchis)에게서 따온 것이었다. 그들은 매우 부유했는 데 토지를 많이 소유했을 뿐 아니라 코린토스 지협의 양쪽 항 구를 모두 가지고 있어서 이곳을 지나는 상선들로부터 세금 을 거둬들였기 때문이다. 이 지협은 펠로폰네소스와 중부 그 리스 사이에 있었고 서쪽으로는 코린토스만에 위치한 레카이 온(Lechaeum) 항이, 동쪽으로는 사로닉 만에 위치한 켄크레아 이(Cenchreae) 항이 있었다. 아마 시라쿠사이 정착민들은 레카 이온에서 출발했을 것이다. 서쪽 지역에 관심이 있던 에게해의 무역업자들은 말레아 곶(Cape Malea, 펠로폰네소스반도의 '삼지창' 중 가장 동쪽에 위치한 곳)의 돌풍을 피해 이 항구를 이용했다.

코린토스는 호메로스의 시에서도 항상 '부유한'이란 수식어가 붙곤 했지만, 바키아데스 치하에서 그 부는 소수의 손아귀로 들어갔다. 기원전 8세기 후반의 다른 그리스 도시국가들과 마찬가지로 코린토스에서도 인구가 증가하였다. 작은 땅을 경작하며 겨우 살아가던 코린토스인들은 한계에 다다랐다. 그리스의 유산상속 방식 때문에 상황은 더욱 나빠졌다. 유산을 적법한 아들들에게 모두 똑같이 상속하도록 했던 것이다(여기에는 딸들도 해당되었지만, 스파르테를 제외한 모든 지역에서 딸들은 유산을 상속받기보다 결혼 지참금으로 받길 원했다. 따라서 부동산이 아닌 다른 종류의 재산을 받았다). 그래서 아들이 둘 이상이 될 경우 둘째 아들부터는 서쪽 식민시인 '대그리스(Great Hellas)'나 시킬리아에서 새로운 삶을 시작하도록 하는 분위기가 형성되었다. 만약 자발적으로 떠나지 않는다면 강제로 보내졌다. 코린토스의 경우 바키아데스 왕조가 그렇게 시작되었다. 아마도 이 가문의 일원이었을 아르키아스(Archias)는 첫 이주민들의 지도자로 지명되었다. 그는 시조로서 사후에 영웅으로 숭배되었다.

시라쿠사이에 식민시가 건설된 지 약 1세기 후에 신의 인증을 받은 식민시 중 가장 유명한 곳이 건설되었다. 테라(현재의 산토리니)섬은 7년 연속으로 가뭄을 겪었다(여기서 7이라는 숫자는 상징적인 것일 테고 2년만으로도 충분했을 것이다). 델포이의 아폴론은 이러한 문제를 관장하는 신이었는데, 바투스(Battus, 혹은 아리스토텔레스)라는 테라인을 지명해 북아프리카의 키레네(현재의 리비아)로 가서 식민시를 건설하라는 신탁을 내렸다. 그러나 테라인들은 가려고 하지 않았다. 아폴론이 피티아 여사제를 통해 자기가 직접 가봐서 안다며 떠나라고 하는데도 움직이지 않았다! 그래서 그들은 근처의 작은 섬에 시범으로 정착해보고 기상상황이 나아지자 돌아왔다. 그러나 본토에 있던 사람들은 그들을 받아들이지 않았다. 그들이 다시는 테라 땅을 밟지 않겠다는 맹세를 하고 떠났다는 것이다. 본토 사람들은 공평하고 종교적인 방식인 제비뽑기로 이주민들이 결정된 것이니 따라야 한다고 주장했다. 결국 마지못해 아프리카 땅을 밟은 테라 이주민들은 외려 현지인들의 따뜻한 환대를 받았다. 이들은 이주해온 테라인들에게 정착하기 좋은 땅을 알려주었고, 이 땅은 곧 번영하는 도시국가 키레네로 알려지게 된다. 이들은 전통적인 지중해 농경을 유지했고 양과 말을 키웠으며 모직과 말을 수출했다. 그리고 지금은 멸종한 약용식물 실피움(silphium)을 수출했다. 이 도시국가는 기원전 6세기에 심각한 정치적 소요를 겪기도 했지만 대체로 번영했고, 기원전 5세기에는 핀다로스나 바킬리데스(Bacchylides) 등 찬가 시인들의 작품 속에 범헬레네스 경기(Panhellenic games)에서 승리를 거둔 부유한 키레네인들이 종종 등장하게 된다.

시라쿠사이는 키레네보다도 성공적이었다. 이 도시는 시킬리아의 그리스 도시 중 가장 크고 부유하며 강성한 도시로 성장했다. 영토는 모든 그리스 도시 중 두번째로 컸다(스파르테 다음인 4000제곱킬로미터였다). 스파르테계였던 도시민들은 대규모 원주민이었던 시켈(Sicel)족을 노예 신분으로 강등시켜 킬리리(Cillyrii, 혹은 칼리키리Callicyrii)라고 불렀다. 시킬리아라는 이름 자체가 시켈족에서 유래한 것이지만, 이들은 그리스인들이 이주해오기 전 섬에 살고 있던 네 종족 중 하나일 뿐이었다(처음 이주해온 그리스인들은 낙소스 출신―에게해에 위치한 낙소스섬과 헷갈리면 안 된다―에우보이아인들이었다. 칼키스와 에레트리아 출신의 다른 에우보이아인들은 이미 나폴리만에 피테쿠사이와 쿠마이를 건설한 뒤였다). 시켈족 외에는 시킬리아 중부에 시카인들이 살았고 남서부에 엘리미아인들이 살았다. 셀리노스는 이 지역에서 가장 중요한 그리스 식민시가 된다.

그 밖에 그리스 이주민과 여러모로 유사했던 시킬리아 서쪽 끝의 페니키아인들이 있었다. 이들은 카르타고(현재의 튀니지)를 건설했고, 그리스인들이 오기도 전에 스페인 동부와 사르데냐에 정착한 그들의 동족처럼 이미 도시 건설에 뛰어든 상황이었다. 이들이 건설한 도시로는 파노르모스(현재의 팔레르모)와 모티아(혹은 모지아) 등이 있다. 페니키아인과 그리스인 정착민 사이의 전투들은 시킬리아 고전기 역사의 주요 사건을 이루며 섬의 운명을 좌우했다. 페니키아인들은 카르타고와 그 모도시 티로, 나아가 고향 레바논의 다른 도시로부터 도움을 받기도 하고 사주를 받기도 했다. 그러나 그리스인들은 상대적으로 적은 수의 용병밖에 없었다. 기원전 480년 섬 북서부의 히메라에서 벌어진 전투는 살라미스 전투와 같은 날에 시작되었다고 전해진다.

심지어 이들이 페니키아인들과 협조했을 가능성도 배제할 수 없다. 이들은 크세르크세스 제국에 종속되어 있었으며 그의 함대에서 중심축 노릇을 했고, 페르시아인들이 공격할 때면 페르시아인이 되었다. 여하튼 시킬리아의 '애국자' 그리스인들 중 꽤 큰 세력으로 성장하여 오만해진 사람이 있었는데, 기원전 480년 봄에 (소수의) '충성스러운' 본토 그리스인들이 북쪽으로부터 페르시아의 임박한 공격에 대응할 방법을 찾기 위해 코린토스 지협에서 비밀회의를 열자 그는 그리로 찾아가 항의하였다. 그는 상당한 규모의 무장 부대를 직접 지휘하겠다고 제안했으나 한 가지 조건을 붙였다. 그의 말을 옮기면 '자신이 가장 충성스러운 그리스 저항군의 총지휘관이 되어야' 한다는 것이었다. 이 제안은, 엄밀히 말하자면 이 조건은 일단 스파르테에 굴욕적으로 거부당했다. 스파르테는 스스로 '그리스인' 사이의 신성한 선거를 통해 우두머리가 되었다고 생각하던 터였다. 이 남자의 이름은 겔론(Gelon)이다. 그는 시킬리아의 자기 자리로 돌아갔고, 후일 카르타고인들이 공격해오자 성공적으로 그들을 막아냈다.

겔론의 이름은 원래 그가 태어난 시킬리아의 그리스 폴리스 겔라(Gela)에서 따온 것이었다. 기원전 688년에 크레테와 로도스 섬 사람들이 들어와 세운 도시였다. 그러나 그는 시라쿠사이인에게 입양되어 시라쿠사이인이 되었다. 그의 야심을 채워줄 수 있는 도시는 시라쿠사이뿐이었기 때문이다. (그 혼자서 한 것은 절대 아니었지만) 겔론의 통치는 그리스 본토와 에게해 지역의 폴리스 형태가 시킬리아에 얼마나 잘 뿌리내릴 수 있는지 보여주었다. 예를 들어 시킬리아 서부의 셀리노스는 건설된 지 몇 세대 만에 참주의 지배를 받게 되었다. 이 참주는 선거로 뽑히지 않은 독재자였으며, 기원전 560년경에 가장 중요한 건물이었던 것으로 보이는 신전 'C'에 보란듯이 흔적을 남겼다. 겔론 역시 그의 후견인이었던 히포크라테스와 같은 참주였다. (기원전 491년 히포크라테스가 죽은 후) 처음에는 겔라의 참주가, 그다음에는 시라쿠사이의 참주가 되어 겔라 인구 절반을 이 지역으로 이주시키고 동생 히에론(Hieron)을 겔라의 참주 자리에 앉혔다. 그는 시킬리아 남동부로 세력을 넓히기 위해 아크라가스 참주 테론(Theron)의 딸과 결혼했다. 또한 레온티니와 동맹을 맺었으며 정복과 흡수, 통합을 통해 시라쿠사이의 영토를 배로 확장하였다. 페니키아인들과 시킬리아인들은 그가 섬의 서북부로도 세력을 넓힐까 봐 두려워했던 듯하다. 그들은 히메라를 공격했으나 결국 참패당했다.

그리스인들은 공식 주화에 도시의 정체성을 담은 상징을 그려넣기를 좋아했다. 히메라의 상징은 수탉이었다. 히메라가 '아침'을 뜻하는 그리스어와 비슷했던 까닭이다. 히메라인들은 분명 기원전 480년 승리한 후 적들을 향해 〔수탉 울음소리처럼〕 크고 긴 소리로 함성을 질렀을 것이다. 그러나 히메라 주화는 시라쿠사이 주화에 비해 가치가 점점 떨어졌고 제작기술도 점차 후퇴하였다. 이는 당연한 결과였다. 이 도시는 호화로운 자기선전을 위해 데카드라크마(10드라크마) 은화를 주조했다. 당시 1드라크마는 4인 가족을 며칠간 부양할 만큼 큰 액수였다. 은화 앞면 중앙에는 아레투사의 얼굴이, 그 주위에는 뛰는 돌고래들이 새겨져 있었다. 그중 가장 화려한 주화는 기원전 470년경 제작된 것으로 보인다. 겔론이 죽고(기원전 478년) 동생 히에론이 시라쿠사이 참주 자리를 찬탈한('승계'했다고 보기는 어렵다) 시기와 일치한다.

히에론은 형과 같이 왕가 사이의 혼인이나 동맹으로 세력을 확장했다. 그러나 형보다 야심이 커서 시킬리아를 넘어 이탈리아 남부까지 욕심을 냈다. 그는 메시나해협 건너편에 있는 레기온 참주의 딸과 결혼했다. 또한 자신이 펠로폰네소스의 메세니아인들(스파르테의 압제하에 헤일로테스 신분으로 떨어진 민족)과 친족관계라고 주장했다. 기원전 474년에 히에론은 나폴리만의 그리스 도시 쿠마이에서 에트루리아인들과 해전을 벌여 승리했다. 그는 자신의 헬레니즘적인 면모를 보이기 위해 올림피아의 제우스 신전에 에트루리아의 청동 투구를 전승 기념물로 바쳤다. 마라톤 전투 후 밀티아데스가 명문(銘文)을 새긴 청동 투구를 바친 것보다 한 걸음 더 나간 일이었다. 히에론의 동생 폴리잘로스(Polyzalus)는 당시 겔라의 참주를 지내고 있었는데, 기원전 478년 혹은 474년 피티아 제전의 4두마차 경기에서 우승하자 델포이의 아폴론 신전에 화려한 청동 군상을 헌정했다.

겔론과 마찬가지로 히에론은 통치기간(기원전 478~466년) 동안 자신의 지배하에 있던 그리스 도시들을 함부로 대했다. 시킬리아에서 가장 오래된 그리스 식민시 낙소스와 카타네를 파괴하였고 그 지역 거주자들을 레온티니로 이주시켰다. 특히 카타네 파괴 후의 조치는 어이없는 것이었다. 그는 보상 차원에서였는지, 아니면 사후에 그 도시의 시조가 되고 싶어서였는지 기원전 474년에 이 도시를 새로운 이름으로 부활시켰다. 그 이름은 아이트나였는데 한두 해 전에 폭발한 화산에서 따온 것이었다. 그는 핀다로스에게 찬가를 부탁했으며 또한 놀랍게도 아이스킬로스에게 〈아이트나 여인들〉을 지어 상연하게 한 것으로 보인다. 그러나 이보다 놀라운 일은 그가 기원전 470년경 테트라드라크마(4드라크마) 은화를 주조한 것이다(현재는 벨기에 브뤼셀의 왕립도서관에 소장되어 있다).

이 은화는 앞면의 여덟 글자로 식별할 수 있다. Aitnaion, 즉 '아이트나 시민의'라는 의미의 글자들이 담쟁이넝쿨 관을 쓴 수염 난 실레노스(Silenus, 나이든 반인반수 사티로스로 항상 포도주에 취한 채 성적 쾌락에 젖어 있다) 양편에 나뉘어 있고, 실레노스의 목 아래에는 이상하리만치 큰 토종 쇠똥구리가 그려져 있다. 주화 뒷면에는 아이트나산의 제우스가 묘사되었다. 제우스는 표범 가죽을 걸치고 세밀하게 조각된 왕좌에 앉아 있는데 오른팔로 포도넝쿨 지팡이를 짚고 왼팔로는 무시무시하게 번개를 쥐고 있다. 그의 앞에 나무 한 그루가 솟아오르는 것으로 묘사되어 있는데 아마 토종 전나무일 것이다. 나무 꼭대기에는 독수리가 한 마리 앉아 있다. 독수리는 새들의 왕으로 신과 인간의 왕을 상징한다. 히에론은 자신을 '아이트나의 히에론'으로 각색하면서 올림피아에 다시 한번 투구를 보냈다. 명문이 새겨진 그리스산 투구였는데, 이것 역시 전리품이었고 그리스인에게 승리하여 얻은 것이었다. 그는 이 헌정물을 올림포스산의 더 유명하고 오래된 제우스에게 바쳤다. 히에론은 자신이 범헬레네스 슈퍼스타의 위치임을 과신했던 듯하다. 그러나 아크라가스와 다른 지역의 라이벌들은 그렇게 생각하지 않았다. 그의 명성은 기원전 466년에 사망한 뒤로 오래가지 못했다. 그의 사후에는 아주 기묘한 일이 벌어졌는데, 모지스 핀리는 시킬리아 역사를 다룬 저서에서 이를 '민주주의 막간극'이라고 표현했다.

시킬리아 민주주의의 뿌리를 시킬리아섬에서 찾아보기란 거의 불가능하다. 민주주의란 아테나이에서는 자연스러운 것이었지만 시라쿠사이에서는 완전히 이질적인 것이었다. 당연하게도 민주주의는 아테나이로부터 들어온 외래문화였다(아마도 테미스토클레스는 기원전 460년대에 사망하기 훨씬 전부터 서쪽에 민주주의를 도입하고자 했을 것이다. 그는 직접 아르고스에 민주주의를 소개한 바 있다). 그러나 신기하게도 이 외래문물은 제도적으로나 문화적으로나 빠르게 정착되었다. 에피카르모스(Epicharmus)가 만들었다고 전해지는 대중 희극은 아테나이에서와 마찬가지로 시라쿠사이에서도 성행했다. 또한 티시아스(Tisias)와 코락스(Corax)라는 두 시라쿠사이인은 대중 웅변의 규칙을 정립하였다. 웅변은 그리스식의 맞대면 직접민주주의가 성공하는 데 중요한 소통 방식 중 하나였다. 아테나이인들에게 완성된 형태의 웅변을 보여주었던 레온티니 출신의 고르기아스가 시킬리아의 그리스인이었던 점은 우연이 아닐 것이다.

기원전 5세기 중반이 되면 시킬리아의 다른 지방에도 번영의 흔적이 보인다. 아크라가스의 수많은 거대 신전들이 말없는 증거이며, 최근에는 널빤지를 엮어 만든 상선이 인양되어 아테나이와 펠로폰네소스의 암포라와 컵, 램프, 소쿠리 등 인상적인 물건들이 발굴되었다. 이 상선은 겔라로 향하고 있었을 것이다. 또한 시킬리아는 기본적으로 농사가 잘되었다. 예를 들어 겔라는―기원전 456년 이곳에서 사망한 비극 작가 아이스킬로스의 감동적인 묘비명에 의하면―'밀 생산지'라는 별명을 가지고 있었다. 아테나이라는 민주주의 제국은 수입 곡물로 계속 늘어나는 인구를 먹여살려야 했기 때문에 이탈리아 남부나 시킬리아 같은 서쪽 지방을 눈여겨보기 시작했다. 그들의 목적은 서쪽의 곡물 수입과 배를 만들 목재 수입이었다. 비석에 새겨진 조약들은 아테나이가 레기온과 시킬리아 동부의 레온티니 등 '이오니아계' 그리스인들과 맺은 것이었다. 더 나아가 흥미롭게도 그리스인이 아닌 섬 남서쪽 끝 세게스타의 엘리미아인들과도 조약을 맺었다. 그리고 아테나이와 스파르테의 분쟁('펠로폰네소스 전쟁')을 촉발한 여러 이유 중 투키디데스가 첫째로 꼽은 것은 기원전 430년대에 에피담노스(현재의 알바니아 두라초Durazzo)를 두고 벌어진 코린토스와 코린토스의 식민시 코르키라(현재의 코르푸Corfu) 사이의 분쟁이었다. 이 분쟁은 결국 아테나이를 코르키라 편에 서게 했다. 가장 중요한 이유는 바로 서쪽으로의 경로 때문이었고, 둘째는 이들이 그리스에서 두번째로 큰 3단노선 함대를 가지고 있었기 때문이다. 마지막 이유인 민주주의는 사실 명분일 뿐이었다.

펠로폰네소스 전쟁의 첫 10년 동안 아테나이는 시킬리아에서 확실한 존재감을 갖기 위해 심도 있는 노력을 기울였다. 그러나 이 노력은 생각지도 못한 역효과를 불러오게 되었다. 바로 시킬리아의 그리스인들을 하나로 뭉치게 한 것이다. 이는 겔라에서 시라쿠사이 출신의 한 정치가가 주도한 회의를 통해 드러났다. 거의 10년 후(스파르테와의 '거짓' 평화 기간과 맞물렸다) 아테나이는 다시 시킬리아에 관심을 드러냈고 특히 시라쿠사이 함락에 관심을 가졌다. 부분적으로는 괜찮았던 전략 때문이었다. 언제든 재발할 수 있는 스파르테와의 분쟁에서 시킬리아의 자원을 확보하는 것이 결정적일 수 있다는 생각이었다. 그러나 거기서 시킬리아 전체로, 또 거기서 카르타고로 제국을 확장하자는 말도 안 되는 생각들이 뻗어나왔다. 아리스토파네스가 기원전 414년에 희극 〈새〉에서 공중누각에 관해 풍자한 것도 놀라운 일이 아니다.

반대로 투키디데스는 이를 비극으로 표현했다. 그는 아테나이가 오만하여 시킬리아의 상황을 모르고 있었다는 점을 강조했다. 아테나이는 자국과 유사한 면적과 부와 인구를 가진, 더구나 자국과 같이 민주주의를 시행한 시라쿠사이조차 알지 못했다. 시라쿠사이의 민주주의는, 과두정이나 참주정의 압제로부터 해방시켜주겠다고 대중에게 약속하는 아테나이의 민심잡기용 민주주의와 전혀 달랐던 것이다. 아테나이의 꿈은 18개월 만에 물거품이 되었다. 시라쿠사이 항구에서 벌어진 대규모 해전에서 아테나이는 대패하였다. 투키디데스는 그 많은 이들 중에 그 적은 수만이 아테나이로 돌아왔다고 풍자적으로 표현했다. 실제로 많은 이들이 시라쿠사이의 석회석 광산에서 시름시름 죽어갔다. 마치 제네바 협정에도 불구하고 수용소에서 비참한 죽음을 맞이했던 이들과 같았다. 일설에 따르면 몇몇 운좋은 아테나이인들은 비극에 매료되어 있던 시킬리아인들에게 에우리피데스(비극 작가)의 대사를 읊어 탈출할 수 있었다고 한다. 아리스토파네스(희극 작가)의 대사만 알고 있던 불행한 사람들이여!

시라쿠사이와 아테나이는 처음엔 정치적으로 반대되는 길을 갔다. 시라쿠사이는 더욱 급진적인 민주주의로 나아갔고, 아테나이는 두 차례의 과두정 반동을 겪고 마침내 기원전 404년에 스파르테에 패하고 말았다. 물론 그렇다고 해서 기원전 5세기 말 시라쿠사이의 적수가 아테나이뿐이었던 것은 아니다. 기원전 409년 카르타고인들은 기원전 480년의 실패를 만회할 기회를 노리고 있었다. 아테나이에서는 기원전 413년부터 근본적인 의문이 스멀스멀 올라오고 있던 터였다. 과연 민주주의가 제국을 통치하고 큰 전쟁을 승리로 이끌 수 있는가? 기원전 404년의 답은 분명히 '아니요'였다. 시라쿠사이 역시 군사적 실패 이전에 민주주의 세력이 치명적인 정치적 실패를 맛보았다. '민주주의 막간극'은 기원전 405년 카르타고의 위협이 높아지면서 끝나게 되었다.

　시라쿠사이와 시킬리아의 그리스 지역은 모든 그리스인들을 하나로 묶어 통합된 저항세력으로 만들 강력한 인물(generalissimo)을 필요로 하였다. 기원전 480년 페르시아 전쟁이 '자유를 위한 전쟁'을 모토로 했다면 이번에는 달랐다. 냉정한 실용주의를 기반으로 한 기원전 5세기 말 시킬리아 그리스인들의 워싱턴 장군은 디오니시오스(Dionysius)라는 사람이었다. 그는 사후에 디오니시오스 1세라는 칭호를 받게 되었는데 왕위승계 전통을 확립했기 때문이다. 결국 시라쿠사이와 시킬리아가 참주정으로 후퇴하게 되었다는 뜻이다. 디오니시오스의 참주정은 충분히 지속적이었고(기원전 405~367년) 충분히 성공적이었다(그는 카르타고인들을 물리쳤을 뿐 아니라 이탈리아의 아드리아해 연안에 소제국을 건설하였다). 그는 참주정의 전형을 이루었다고 할 수 있다. 개인 호위병과 용병을 기반으로 군사력을 확보했고, 왕가와의 혼인으로 세력을 강화했으며, 인구를 재배치하고 외국인들에게 권한을 부여했다. 그러나 그는 꾸준한 생명의 위협을 감수해야 했다. '민주주의의 영광은 여기까지였다(Sic transit gloria democratica).'

디오니시오스 1세가 사망하자 시라쿠사이의 참주정은 오래가지 못했다. 기원전 4세기 중반에는 다시 민주주의를 세우려는 시도가 몇 차례 일어나기도 했다. 여기에는 가난한 사람들을 위해 토지와 가옥을 재분배하려는 시도도 포함되었다. 그러나 그리스 세계의 운명은 민주주의든 과두주의든 공화주의자들이 아니라 한 강력한 '군주'의 손에 있었다. 시라쿠사이의 디오니시오스를 이어 소아시아 남서부의 카리아에서 그리스계는 아니지만 헬레니즘화된 군주 마우솔로스(Mausolus)가 등장했다. 페르시아의 가신이었던 그는 수도를 내륙으로부터 해안의 할리카르나소스로 옮겼으며 기원전 353/2년 그곳에 묻혔다. 그의 무덤은 그의 이름을 따서 마우솔레움(Mausoleum)이라 불렸으며 토착적인 모습을 띠었다. 이 화려한 무덤은 그의 누이이자 아내 아르테미시아(Artemisia)가 지시했고 당대 최고의 조각가들이 참여한 작품이었다. 그들 중에는 대리석 산지인 에게해의 파로스섬 출신 작가 스코파스(Scopas)도 포함되었다. 그러나 이 웅장함도 당대 최고의 군주인 마케도니아의 필리포스에 비하면 아무것도 아니었다. 기원전 330년대가 되면 그리스 본토는 대부분 그의 손에 넘어간다.

필리포스는 그리스 내에서 지배권을 강화하기 위해 기원전 338/7년 코린토스 동맹을 만든다(11장 참조). 그후 머지않아 코린토스 출신의 티몰레온(Timoleon)이 정치적·경제적 문제에 처해 있던 시라쿠사이에 파견되었다. '식민시'와 모도시의 관계를 유지했던 심정적 유대가 실질적으로는 상호 정치 행위로 나타날 수 있음을 재확인시켜주는 일이었다. 실제로 티몰레온은 이곳과 시킬리아의 다른 그리스 도시들에서 성과를 냈고 시라쿠사이의 두번째 창시자로 여겨졌다. 기원전 330년대 중반에 그가 죽자, 사람들은 마치 진짜 창시자인 양 그를 시라쿠사이의 아고라에 매장하였다.

제 10 장

테바이

내 조언에 의해 이 일들이 이루어졌습니다.

스파르테는 그 영광의 끝을 보았습니다.

메세네는 마침내 자신의 아들들을 돌려받았습니다.

테바이의 창이 화관이 되어 메갈로폴리스의 머리에 씌워졌습니다.

그리스는 자유를 얻었습니다.

— 에파미논다스의 비문, d.362, 파우사니아스, 『그리스 여행기』, 9.15

아테나이와 스파르테 사이의 분쟁에서 가장 이득을 봤던 것은 그리스 중심에 위치한 스파르테의 동맹국 테바이였다.

테바이 역시 신화적 토양 위에 세워진 도시국가였다. 디오니소스와 신이 된 영웅 헤라클레스가 이곳에서 태어났다. 또한 자신이 이곳 출신임을 몰랐던(바로 그 점이 치명적이었다!) 오이디푸스왕 역시 테바이 출신이었다. 그 밖에도 유명한 페니키아 이주민 카드모스(Cadmus)가 선택한 땅이 바로 테바이였다. 하지만 카드모스가 티로로부터 알파벳을 들여왔다는 이야기는 시대적으로 부정확하다. 놀랍게도 그리스인들은 알파벳에 있어서는 겸손하게 한 발 물러나 이를 '페니키아 문자' 혹은 '카드모스 문자'라고 불렀다. 현재의 테바이가 그 이전의 도시들 위에 건설되지만 않았더라면 카드메이아 아크로폴리스 위의 많은 유적들을 쉽게 찾아볼 수 있었을 것이다. 여기서 미케나이 문명의 왕궁이 발굴되었고 그 안에서 상당량의 선형문자 B 문서가 나왔다. 이 문서에서 흥미롭게도 스파르테가 차지하게 된 펠로폰네소스 남동부 지명인 '라케다이몬(Lacedaemôn)'이라는 글자가 발견되었다.

역사시대의 테바이에도 문화적으로 중요한 지역들이 있었다. 물론 오만한 이웃 아테나이인들은 테바이인들을 '보이오티아의 돼지' 정도로 여겼지만 말이다. 기원전 6세기 말 테바이는 최고의 시인 핀다로스(기원전 518~446년경)를 배출하였다. 기원전 7세기에 활동한 시인 헤시오도스 역시 보이오티아의 테스피아이 시에 위치한 작은 마을 아스크라 출신이었다.

나아가 테바이는 일종의 연방을 구성하였는데 이는 폴리스의 대안이 되기도 했다. 기원전 4세기의 수십 년간 테바이는 실제로 그리스 본토의 가장 강력한 도시국가 중 하나가 되었고, 마케도니아 왕 필리포스 2세와 그의 아들 알렉산드로스대왕의 치세 동안 정치의 온상이 되었다.

기원전 6세기 말 이전 보이오티아에는 일종의 연방이 형성되었다. 보이오티아 내에서 통용되던 주화 앞면에는 보병의 방패가 새겨져 있었는데, 그리스의 주화가 경제적 의미만큼이나 정치적 의미를 가진다는 것을 감안할 때 이는 보이오티아의 정치적 통일성을 보여준다고 할 수 있겠다. 정치적 통일성은 그리스의 또다른 독특한 방식인 공동의 종교제의를 통해서 강화되었다. 옹케스토스(Onchestus)에서는 매년 팜보이오티아('전全 보이오티아 축제')가 열렸다. 기원전 6세기에는 프토이온에 위치한 보이오티아의 아폴론 성소가 유명해졌다. 테바이로부터 멀리 떨어지지 않은 곳이다. 이곳에는 등신대의 쿠로스 상(소년 나체상)이 백 개 넘게 헌정되었는데, 이 지역의 부와 종교성을 보여주는 지표라 하겠다.

그러나 보이오티아 통일은 결국 이루어지지 않았다. 오히려 그 반대였다. 페리클레스가 (사심 없이 한 말이라고 보긴 어렵지만) 보이오티아를 키 큰 나무에 빗대며 태풍이 불면 서로 부딪혀 쓰러진다고 말한 것만 보아도 그 내적 갈등을 가늠할 수 있다. 특히 테바이와 오르코메노스(이 도시 역시 미케나이 문명의 주요 거점이었다) 사이의 갈등이 중요했다. 두 도시는 각각의 지역을 관장하고 있었는데 기원전 364년에 테바이가 상대방을 완전히 정복하고 만다. 다른 두 보이오티아 도시(엘레우테라이와 플라타이아)는 이 연방을 '떠나' 테바이의 이웃이자 적인('이웃 아테나이'라는 표현은 나쁜 이웃을 뜻하게 되었는데, 이 표현이 테바이와 아테나이 사이에서 파생되었는지 확인된 바는 없지만 그랬을 확률이 아주 높다) 아테나이의 동맹이 되었다. 엄밀히 말하면 정치적으로 아테나이 영토에 편입되었다고 하는 편이 낫겠다. 그러나 대부분의 보이오티아 도시들은 규모가 작아서 근처의 더 큰 도시에 편입되는 것이 여러모로 유리했다.

아르고스의 경우를 보자. 기원전 480년 페르시아가 침공해오자 테바이는 그리스성(Hellenicity)을 상당 부분 포기했다. 아르고스는 미미하게나마 중립을 유지했으나 테바이의 지배계층은 페르시아 편에 서기로 결정했다. 이 노골적인 배신('메디아화')은 한 세기 후에도 기억되어 알렉산드로스대왕이 기원전 335년 테바이를 파괴할 때 정당화 수단이 되었다. 후대의 테바이인들은 당시의 지배계층이 합법적인 자들이 아니라 극단적 과두주의자들(두나스테이아dunasteia) 혹은 집단 참주들이었다고 해명했다. 이 말이 사실이든 아니든, 그리스인들이 정체(政體)의 종류와 정도를 분류하는 데 공을 들였음은 확연히 드러난다. 공을 들여도 알렉산드로스를 막을 수는 없었지만 말이다.

기원전 375년부터 테바이는 한동안 가장 융성한 시기를 보냈지만, 그 시기는 기원전 335년에 끝이 났다. 이 번영의 기원은 기원전 5세기 중반으로 거슬러올라간다. 기원전 480년의 메디아화로부터, 또한 기원전 457년에서 447년 사이 아테나이의 지배로부터 회복하면서 테바이인들은 보이오티아 연방을 재정비하고 그 선봉장이 되었다. 이 연방은 기원전 386년까지 번성하게 된다. 다행히도 이집트 파이윰(Fayum)의 옥시린코스에서 발견된 파피루스를 통해 연방법에 관해 알 수 있다. 이는 박식하고 정확한 역사가(그러나 누구인지는 알 수 없다)가 쓴 것으로 보인다. 연방은 온건 과두제였다. 고위 관직과 정치·군사 권력은 기병이나 보병으로 무장할 수 있는 상위 30퍼센트의 부유한 시민들에 국한되었다. 상인과 제조업자는 시민권이 제한되었다. 농업이 아닌 일을 통해 경제활동을 함으로써 손과 영혼이 오염됐다고 믿었기 때문이다. 연방정부의 복잡한 지방대표 시스템에 따라 테바이는 처음부터 과도한 권력과 영향력을 가지게 되었다.

펠로폰네소스 전쟁에서 스파르테의 신실한 동맹이 되면서 테바이는 권력을 더욱 공고히 할 수 있었다. 스파르테와의 신뢰는 기원전 421년 코린토스와 엘리스의 동맹 탈퇴에도 불구하고 테바이가 잔류함으로써 극명하게 드러났다. 테바이는 과두정에 대한 스파르테의 지원이 자기들에게 가장 유리하다고 판단했던 것이다. 기원전 427년에는 스파르테의 지원으로 테바이의 오랜 숙원이 달성되었다. 그들은 보이오티아 민족이던 플라타이아인들이 아테나이와의 동맹(이 동맹은 기원전 519년으로 거슬러올라갈 만큼 유서가 깊었으며 기원전 490년 마라톤 전투에서의 군사 협력을 기억하는 것이었다)을 파기하도록 설득하지 못한다면 그 도시 자체를 정복해야 했다. 또한 이 목적이 달성된 몇 년 후 그들은 아테나이 쪽으로 기울어 있던 테스피아이의 성벽을 무너뜨리고 도시를 정복했다. 펠로폰네소스 전쟁 말기(기원전 413~404년)에 가장 큰 이득을 본 것은 테바이였다. 그들은 아테나이와 보이오티아 경계에 차린 스파르테 진영의 보호 아래 아테나이 외곽을 유린하였고, 아테나이의 은광에서 도주한 노예 수천 명을 싼값에 사들였다.

그러나 모든 정치적 주류에는 반류가 있게 마련이다. 기원전 480년 테르모필라이 전투에서는 상당수의 테바이 자원군이 레오니다스의 편에서 싸웠고, 아테나이가 지배하던 시기(기원전 457~447년)에는 테스피아이와 같이 친아테나이 성향 민주주의자들이 득세하는 도시들이 있었다. 그리고 마침내 펠로폰네소스 전쟁이 끝날 무렵부터는 테바이마저 스파르테의 고압적인 태도에 신물이 나서 기원전 403년에는 스파르테의 지원을 받는 30인 참주로부터 도망친 민주주의자들을 보호해주고, 기원전 395년에는 4개 도시의 반(反)스파르테 동맹에 가입하기에 이르렀다. 이 동맹에는 테바이를 비롯하여 역시 스파르테에 질려버린 코린토스와 늘 반스파르테를 외쳤던 아르고스, 그리고 당연히 아테나이가 있었다.

그러나 스파르테인들은 이 기회를 노린 페르시아인들의 경제적 지원을 받아 코린토스 전쟁(기원전 395~386년)에서 승리했고, 그들의 승리를 만끽했다. 아게실라오스 2세는 테바이에 적나라한 적대감을 드러냈다. 보이오티아 연방은 예전의 도시들과 마을들로 완전히 해체되었다. 이 반동적인 체제를 정착시키기 위해 스파르테는 주요 도시에 진영을 구축했다. 테바이는 당연히 주요 도시들 중 하나였다(테바이에서는 아크로폴리스인 카드메이아에 진영이 차려졌다). 왕의 평화조약(용어사전 참조)에서 '각 도시는 자주권을 지킨다'는 조항을 심각하게 위반함에도 불구하고 이 조치는 강행되었다. 테바이의 영향력 있는 인사들이 대거 망명했고 그중 다수가 아테나이 행을 택했다. 아테나이는 이로써 기원전 403년의 은혜를 갚게 되었다.

그리고 기원전 379/8년에 테바이는 다시 한번 아테나이에 큰 도움을 받게 된다. 망명자들은 스파르테로부터 테바이를 독립시키고 민주정을 도입하였다. 그리고 이 민주주의 토대

위에 새로이 보이오티아 연방을 수립했다. 테바이 역사상 처음이자 마지막으로 시대의 흐름에 발을 맞춘 것이다. 그리스 세계의 민주주의 전성기는 대체로 아테나이 민주주의가 제국을 형성하고 최고의 위상을 떨치던 기원전 5세기 후반으로 여겨지지만, 명실상부한 민주주의 전성기는 사실 기원전 4세기 전반이었다. 이를 뒷받침하는 증거가 몇 해 전 아르고스에서 발굴되었다. 민주정의 재정 기록이 남아 있는 130여 개의 청동 서판이었다. 그러나 기원전 370년대 아르고스에서 벌어진 심각한 내전을 잊어서는 안 될 것이다. '몽둥이질'이라고 불리는 이 사건으로 과두주의자 1000~1500명이 몽둥이에 구타당해 사망했다. 이는 맞대면 공동체의 정치사정이 얼마나 치열하고도 유약한 것인지 여실히 보여준다.

테바이인들의 혁신은 정치에 국한되지 않았다. 보이오티아의 군사력도 전례 없이 발전했다. 연방제의 성격 때문이기도 하지만 참신한 구조 때문이기도 했다. 테바이의 성전 부대(Sacred band)는 150쌍의 남성 짝꿍으로 이루어진 엘리트 기동대였다. 성전 부대를 포함하여 모든 구조는 스파르테에 대한 반감에서 비롯된 것이었다. 스파르테의 교육체제에는 성인 남자와 소년을 짝꿍으로 맺어주는 형태가 있었으나 군사적인 것은 아니었다. 테바이인들은 에파미논다스(Epaminondas)와 그의 조수 펠로피다스(Pelopidas, 아테나이로 망명했던 사람 중 한 명이다), 성전 부대를 창설한 고르기다스(Gorgidas)의 지휘 아래 스파르테의 힘에 정면 도전했다. 먼저 기원전 371년 레욱트라 전투를 승리로 이끌었고 곧이어 스파르테의 헤일로테스들을 해방시켰다. 플라톤과 아리스토텔레스도 스파르테인들의 헤일로테스 운영에 비판적이었지만 순전히 실용적인 이유에서였다. 기원전 4세기의 그리스인 중에 그나마 노예 해방에 가까운 주장을 한 사례는 어느 동시대 지성인이 '신은 어떤 사람도 노예로 창조하지 않았다'고 한 정도이다. 에파미논다스는 이러한 담론을 실제 행동으로 옮긴 진정한 당대의 영웅이었다.

그와 펠로피다스의 훌륭한 지도력 덕분에 테바이는 그리스 본토에서 가장 중요하고 강력한 도시국가로 성장했다. 스파르테는 (아주) 작아졌으며, 에파미논다스는 직접 [스파르테의 영향력 아래 있던] 메세네(기원전 369년)와 아르카디아의 메갈로폴리스를 독립시키면서(기원전 368년) 스파르테가 재기하지 못하도록 견제했다. 아르고스가 메세네 건설을 적극적으로 지원했던 것은 어쩌면 당연한 일이었다. 그들은 이를 기념하며 델포이에서 노래하고 춤을 추었다. 기원전 364년 테바이인들은 보이오티아 내에서도 세력을 쟁취할 기회를 잡았다. 연방의 헤게모니를 장악하기 위한 단 하나의 라이벌 오르코메노스를 정복할 기회가 생긴 것이다. 더 놀라운 것은 보이오티아인들이 처음으로 공동 함대를 꾸렸다는 사실이다. 에파미논다스는 에게해 북쪽 연안을 넘어 보스포로스까지 함대를 이끌고 갔지만 효과는 별로 보지 못했다. 테바이의 위력을 보여주는 또다른 사례는 레욱트라 전투 후 기원전 368년에서 365년까지 마케도니아의 필리포스 왕자가 테바이에 인질로 가택 연금되어 있었다는 사실이다.

이렇듯 기원전 360년대에 일시적으로 테바이의 힘이 강해지자 민주주의 아테나이와 과두주의 스파르테는 테바이의 위협에 대응하고자 다시 한번 손잡을 수밖에 없었다. 그러나 군사 협력은 없었다. 기원전 362년 에파미논다스가 이끄는 테바이 연합군은 만티네이아에서 또다시 승리를 거두었다. 그러나 에파미논다스 자신은 이 전투에서 사망하고 만다(그의 사망 문구는 이 장 첫머리에서 확인하자). 이 침울한 문구로『그리스 역사』를 마무리한 아테나이의 보수적인 역사가이자 사상가인 크세노폰에 따르면 유례없는 혼란이 그리스를 덮쳤다고 한다. 그러나 크세노폰의 말을 있는 그대로 믿을 수는 없다. 그는 에파미논다스의 테바이를 경시했으며 아게실라오스의 신실한 측근으로서 스파르테가 주도하는 과두주의의 향수에 빠진 사람이었기 때문이다. 그러나 곧 들이닥친 마케도니아의 필리포스 때문에 그의 바람은 현실이 될 수 없었다.

장차 필리포스 2세가 될 필리포스 왕자는 테바이에 3년간

7. 테바이의 카이로네이아 사자상. 이 멋진 석조 무덤 비석은 여러 개의 파편들을 통해 다시 세워졌다. 사자상의 위엄이 기원전 338년 카이로네이아에서 마케도니아의 필리포스 2세를 상대로 용맹하게 싸우다 죽은 테바이인들을 잘 담아내고 있다.

구금되어 있으면서 기원전 359년 마케도니아의 왕이 되었을 때 필요했던 외교적·재정적·군사적 경험을 쌓을 수 있었다. 마케도니아는 그때까지 지형적으로나 정치적으로 그리스 주류 문화권 밖에 있었다. 필리포스 치세까지 이 지역은 단지 지리적 명칭에 지나지 않았으며, 정치적으로 선진화되지도(마케도니아는 폴리스도 도시도 아니었다) 통일되지도(서쪽의 고도가 높은 지역과 동쪽의 낮은 지역은 서로 거의 교류가 없었다) 않았었다. 필리포스의 상대적으로 긴 치세 동안(기원전 359~336년, 마케도니아 기준으로는 긴 것이었다) 마케도니아는 처음으로 통일되고 도시화되었다. 그리하여 마케도니아 이남의 그리스 본토를 모두 정복하고 아테나이와 테바이 연합군을 기원전 338년 보이오티아의 카이로네이아에서 무찔렀다(도판 7). 이들은 스파르테까지 무력화시키고 아시아를 정복하러 떠났다(다음 장 참조). 이 일은 그리스의 세력 단위였던 폴리스의 종말을 예고했다. 물론 그 이후 기원전 3세기, 심지어 기원전 2세기 초에도 도시국가 형태였던 로도스와 같이 예외적인 경우도 있었다.

알렉산드로스 이후 헬레니즘 시대에는 마케도니아마저도 그리스 도시국가처럼 바뀌어 공공장소들이 생기고 넓은 운동장(gymnasia)이나 공문을 새긴 비석이 세워지기도 했다. 마케도니아인들은 예상하지 못했지만, 로마 제국이 첫 동방 속주로 마케도니아를 선택(기원전 147년)할 운명이 이미 예견되었던 것이다. 그리스화된 시킬리아(기원전 241년에 속주가 되었다)를 '동방'으로 치지 않는다면 말이다. 테바이는 기원전 335년 알렉산드로스에게 정복당한 이후 기원전 316년부터 훨씬 작은 규모로 재건되었다. 그리고 물론 로마 체제하에서도 충분히 살 만한 곳이 되었지만, 고전기의 정치적·군사적 역량은 회복하지 못했다.

제 11장

알렉산드리아

뮤즈들의 새장…….

— 필로스의 티몬, 기원전 3세기

후세에 알렉산드로스대왕으로 알려질 필리포스의 아들 알
렉산드로스 3세는 아주 모호한 상황에서 마케도니아 왕좌에
오르게 되었다. 실제로 오늘날까지도 그에 대한 의혹은 풀리
지 않았다. 기원전 336년 마케도니아의 명예 수도이자 왕가
의 공동묘지였던 아이가이에서 벌어진 아버지의 죽음에 그가
가담했는지는 확인할 수 없으나, 강력한 막후세력이던 그의
어머니 올림피아스(Olympias)가 가담했을 가능성은 농후하
다. 그녀는 필리포스의 첫 아내였지만, 그는 곧 다른 시킬리아

참주들처럼 그리스의 엄격한 일부일처제 전통을 깨고(이후에 알렉산드로스 역시 그랬다) 다른 아내들을 들였던 것이다. 그의 마지막(일곱째) 아내는 마케도니아 귀족 출신이었으며 중요한 정치 인맥을 갖추었고 막 아들을 낳은 터였다. 필리포스는 이미 46세였다. 알렉산드로스의 왕위 계승이 불투명한 상황이었다. 그리하여 필리포스는 그의 딸과 올림피아스의 남동생이 결혼하는 자리에서, 다시 말해 올림피아스가 참석하여 뻔히 보는 앞에서 죽임을 당한 것이었다.

그러나 이는 하나의 시나리오에 불과하다. 음모 뒤에 누가 있었든지 가장 큰 이득을 본 사람은 알렉산드로스였다. 필수불가결했던 군사력을 기반으로, 알렉산드로스는 페르시아 제국에 대항하는 헬레니즘의 기수 역할을 맡았던 아버지를 빠르게 대체했다. 기원전 338년 필리포스는 아테나이와 테바이의 그리스 연합군을 무찌르고 즉각 오늘날 '코린토스 동맹'이라고 부르는 것을 창설했다. 그리스 본토에 자신의 실제 권력을 보여주고 공고히 하려는 시도였다. 코린토스 회의에서 동맹 대표단이 처음으로 결정한 사안은 필리포스를 페르시아 제국과의 전쟁을 지휘할 사령관으로 임명하는 것이었다. 이 전쟁은 기원전 480~479년 페르시아인들이 성소와 재산을 유린한 것에 대한 복수, 그리고 아시아의 그리스 도시들을 야만적인 '노예 신분(정치적 종속)'으로부터 해방시킨다는(기원전

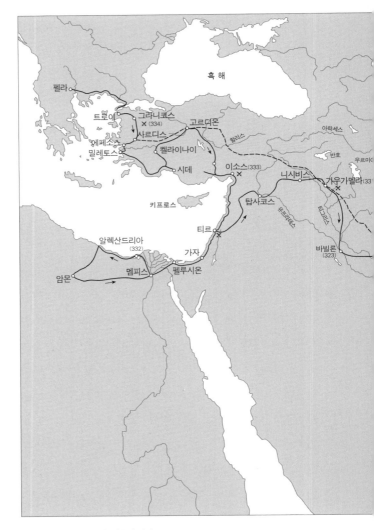

지도 5. 알렉산드로스의 전투와 여정

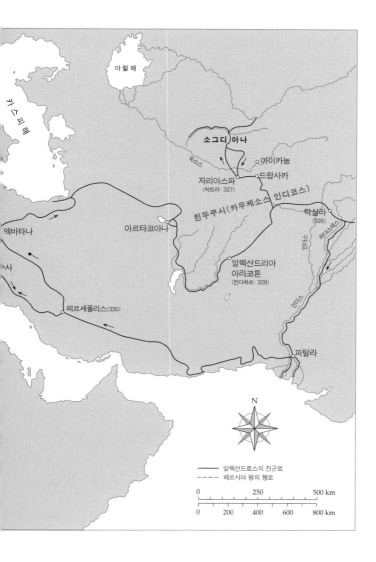

아랄 해

카스피 해

소그디아나

야이카눔

자리아스파
(박트라: 327)

드랍사카

힌두쿠시(카우케소스) 인디코스)

탁실라
(326)

엑바타나

아르타코아나

알렉산드리아
아라코톤
(칸다하르: 329)

...사

페르세폴리스(330)

파탈라

N

──── 알렉산드로스의 진군로
- - - - 페르시아 왕의 행로

0   250   500 km

0   200   400   600   800 km

478년 아테나이도, 기원전 400년 스파르테도 이 프로파간다를 사용했다) 오랜 숙원사업으로 포장되었다. 기원전 336년에 전진부대가 헬레스폰토스를 건너 소아시아 북서부로 진격했다. 그러나 필리포스의 죽음으로 알렉산드로스가 지휘권을 잡는 데 시간이 걸릴 수밖에 없었다. 그리스 '동맹'들이 반란을 일으키지 않도록 관리해야 했고 후방을 다뉴브강 근처까지 확보해야 했기 때문이다. 기원전 348년에 그리스 북부의 주요 도시 올린토스를 궤멸시킨 아버지의 선례를 따라, 그 역시 동방 프로젝트의 적법성을 따지며 반란을 일으킨 테바이를 기원전 335년 궤멸시켰다. 이 도시에서 그가 파괴하지 않은 것은 성소들과 찬가 시인 핀다로스(기원전 446년 사망)의 생가뿐이었다. 알렉산드로스가 생각하기에 핀다로스는 그가 추구하고자 한 문화적 범헬레니즘의 상징과도 같은 인물이었던 것이다. 그래도 가장 중요한 그리스 동맹을 궤멸시킨 것은 곧 다가올 아시아 원정에 좋은 징조는 아니었다.

알렉산드로스는 물리적·정신적으로 정말 어려운 상황에서 거의 10년간(기원전 334~323년) 리더십과 지휘에 초자연적인 능력을 보였기 때문에, 이 기간 내내 그에 대해 이런저런 말들이 많았다. 필리포스가 처음 달성하고자 했던 목표가 무엇이었든 간에 알렉산드로스는 이를 훨씬 뛰어넘었다. 그는 마케도니아의 영역을 동쪽으로 '인도'(파키스탄/카슈미르)까지 확장했으며 이 과정에서 옛 페르시아 제국을 무너뜨리고 자신만의 '아시아' 왕국을 위한 기반을 다졌다. 그 자신은 반(半) 그리스 반(半) 동방 양식의 새로운 군주가 되었고 동방의 새로운 피지배민들에게 살아 있는 신으로 숭배받았다. 동방의 피지배민들과는 달리 그리스인들은 그를 신으로 숭배하는 데 익숙해지기 어려웠다. 원정길에 알렉산드로스가 직접 지명한 공식 역사가 칼리스테네스(Callisthenes, 알렉산드로스의 스승 아리스토텔레스의 친척이다)는 배반으로 사형에 처해졌다. 그가 알렉산드로스의 명령에 불복했기 때문이다. 알렉산드로스는 마치 그리스가 아니라 페르시아의 대왕인 것처럼 예식에서 그리스인들에게 순종의 의미로 고개를 숙이라고 명령했던 것이다.

알렉산드로스는 정복한 곳들을 완전히 장악하기 위해, 그리고 그의 새로운 왕국을 문화적으로 통일하기 위해 군데군데 그리스어를 사용하는 도시들을 세우고 모두 알렉산드리아라고 이름 붙였다. (그 이름이나 특성을 불문하고) 알렉산드로스가 세운 도시의 총 숫자에 관해서는 당대의 사료나 오늘날 역사가들 사이에도 의견이 분분하다. 고대에 기록된 것처럼 70개가 넘지는 않았고 10개 남짓 되었다고 보는 것이 나을 듯하다. 그의 이름을 딴 도시들 대부분이 그의 제국 동쪽 끝에 위치해 있었다. 이 도시들이 선택된 것은 전략적인 이유가 가장 컸지만 상황이 좋아지면 더 안정적이고 평화롭고 세련된 그리스 도시로 발전할 가능성이 보였기 때문이기도 했다. 그러나 기원전 340년 그리스 북부의 알렉산드루폴리스(이 도시는 그가 세운 것이 아니고 이름만 바꾼 것이다) 이후 첫 알렉산드리아는 유럽도 아시아도 아닌 아프리카에 세워졌다. 그곳은 나일강이 지중해로 흘러드는 카노포스(Canopus)의 삼각주에 위치했다.

이곳은 첫 알렉산드리아일 뿐 아니라 가장 중요한 알렉산드리아이기도 했다. 기원전 332/1년 겨울(공식적으로 기원전 331년 4월 7일) 알렉산드로스는 직접 도시 설계를 감독했다. 늘 그랬듯 예언가들을 가깝게 두고 상의했는데, 그중 한 명이 텔메소스(현재 터키 남서부 페티예Fetiye)의 아리스탄드로스였다. 알렉산드로스가 특히 신경썼던 것은 기존 도시를 남겨두는 일이었다. 당장 그에게 필요했던 원주민 세력가들과 척지지 않는 것이었기 때문이다. 그는 기원전 331년 10월, 이라크 북부의 가우가멜라에서 벌어진 다리우스 3세와의 마지막 결정적인 전쟁을 불과 6개월 앞두고 있었다. 그리스어로 라코티스라고 불린 이 새로운 도시는 기존 도시 옆에 세워졌다. 알렉산드리아는 보통 이집트 '옆에' 있다고 하지 '안에' 있다고 하지 않는다. 도시는 처음부터 특이하고 예외적으로 여겨졌다. 도시 출입은 마케도니아와 그리스의 초기 정착민이 철저하게 관리했다. 정착민은 퇴역군인, 무역업자, 그리고 돈 좀 벌어보려는 사람들의 무리였다. 이들 밑에 다양한 인종의 노예뿐만 아니라 노예는 아니지만 정치적 자유가 없는 이집트인, 그리고 디아스포라 유대인(이들이 그리스어로 번역한 구약성서는 기원전 3세기에 '70인역'으로 알려졌다)처럼 흘러들어온 사람들이 있었다.

처음에는, 즉 알렉산드로스의 생애 동안과 사후 몇 년간은 알렉산드리아가 제국 속주의 새로운 수도였다. 페르시아인들이 기원전 525년부터 404년까지 그리고 기원전 343/2년부터 332년까지 지배한 이집트의 오랜 수도 멤피스 '총독령(satrapy)'을 계승한 것이었다. 이집트의 강력한 사제집단은 아카이메네스 왕조의 굴레(그들은 그렇게 생각했다)에 안착하지 못하고 주기적으로 반란을 일으켰다. 실제로 기원전 404년에서 342년까지 마지막 파라오들 치하에서 반란은 거의 일상이 되었다. 위대한 왕 아르타크세르크세스 3세가 이 땅을 재정복하였지만 물론 그것도 그의 후계자 다리우스 3세까지밖에 이어지지 못했다. 10년 뒤 알렉산드로스에게 도로 빼앗겼기 때문이다. 이집트인들은 대부분 적의 적인 알렉산드로스를 반겼다. 그러나 머지않아 외세에 대한 염려가 표면화되었다. 그리고 알렉산드로스는 이러한 문제를 처리하는 데 능숙하지 않았다고 알려져 있다. 알렉산드로스는 이집트와의 연줄을 개인적 목적이나 프로파간다를 위해 사용했다. 그는 자신이 멤피스의 파라오라고 선언했고, 서쪽으로 수백 킬로미터 떨어진 리비아 국경의 시와 오아시스에 있는 암몬(Ammon) 신탁의 수석사제로부터 그리스어로 '신의 아들' 칭호를 받았다.

기원전 305년경, 알렉산드로스의 가장 성공적인 마케도니아 장군이자 어린 시절부터의 친구였던 프톨레마이오스(알렉산드로스가 이집트 속주 총독으로 지명하였다)는 자신이 이 지역의 '왕'이라 선언하고 알렉산드리아를 수도로 삼았다. 그는 심지어 왕조를 개창하기까지 했다. 그후로 약 300년간 알렉산드리아는 '헬레니즘' 승계 왕국이 되었다. 여기서 '헬레니즘'이란 문화적·행정적으로 그리스의 영향을 받았다는 뜻에 지나지 않는다. 이 왕국은 원주민 문화에도 큰 영향을 받아 두 문화의 융합이 일어났다. 예를 들어 새로운 왕가의 종교인 세라피스(Serapis) 제의는 오시리스(Osiris, 죽은 파라오의 영을 나타낸다) 제의와 멤피스에서 치르던 아피스 황소 제의의 혼합물이었다.

실제로 기원전 3세기에는 새로운 박물관(아홉 뮤즈의 경당)과 도서관(굉장한 크기로 확장된 서고에는 아리스토텔레스의 수기들도 보관되어 있었다고 한다) 덕분에 알렉산드리아가 전 그리스 세계의 문화적 수도가 되었다. 이는 기원전 283년 프톨레마이오스 1세가 죽기 전에 최소한 계획은 하고 있던 일이었다. 여러 지성인들이 이 도시로 몰려들었다. 그중에는 유클리드 학자들과 수학 천재들, 에라토스테네스(그의 여러 업적 중 하나는 지구의 원주를 계산한 것인데 그 오차는 허용범위 내였다), 아르키메데스(수학 천재이자 군사 발명가), 칼리마코스(수석 사서로 에라토스테네스처럼 키레네 출신이었다), 테오크리토스(시라쿠사이 출신의 목가 시인으로 기원전 270년대 프톨레마이오스 2세 치하 알렉산드리아에서 작품 활동을 했다)를 비롯하여 많은 사람들이 있었다.

  '과학자들'과 '예술가들'이 공존했다는 사실은 고무적이지만, 공존이 늘 성공하는 것은 아니다. 동시대의 어떤 사람은 재치 있게도 박물관을 '뮤즈들의 새장'이라고 표현했다. 아주 능력 있는 새들이 한곳에 갇혀서 순서대로 먹이를 쪼는 것이 아니라 서로 쪼아대고 있다는 뜻이었다. 프톨레마이오스 1세 자신도 나이가 들자 문학에 손을 대기 시작했다. 그는 '알렉산드로스의 원정에서의 자기 역할'에 관한 변명조의 글을 썼다. 이 글 자체는 남아 있지 않지만, 2세기 비티니아의 니코메디아 출신 그리스 역사가 아리아노스가 이를 바탕으로 쓴 글은 남아 있다. 이 사라진 회고록은 최소한 한 명의 소설가(발레리오 마시모 만프레디Valerio Massimo Manfredi)와 한 명의 영화감독(올리버 스톤은 [〈알렉산더〉(2004)에서] 앤서니 홉킨스에게 프톨레마이오스 배역을 주어 작품 속 내레이터 역할을 하게 했다)에게 영감을 주기도 했다.

알렉산드로스가 헬레니즘 최초의 왕이라면, 알렉산드리아는 이렇게 헬레니즘 최초의 폴리스가 되었다. 이 도시의 훌륭한 건축 유적이 문학만큼 남아 있었다면 좋았겠지만 말이다. 그러나 역사적 사건들(적의 점령이나 지배), 문화적 변화와 고의적·우연적 화재, 자연재해(지진이 가장 심각했다) 등은 알렉산드리아의 흔적을 지상과 수중 양쪽에서 지워버렸다. 가장 논란이 되는 예로는 알렉산드로스의 전설적 무덤이 있다. 이곳은 프톨레마이오스 1세가 알렉산드로스의 유해를 (이장을 위해 바빌로니아에서 마케도니아로 옮겨지던 중) 훔쳐서 만들었고, 3세기 후에는 로마 최초의 황제 아우구스투스도 방문하여 경의를 표했다고 하나 확실하진 않다. 최근에 나온 얘기와 같이 베네치아의 성 마르코 성당에 묻혀 있는 유해가 알렉산드로스의 것일 수도 있다(알렉산드리아에 정착한 성 마르코의 유해로 알려진 것이 사실은 알렉산드로스의 유해라는 이야기다). 아니면 이성적인 역사가마저도 추측에 머무를 수밖에 없게 하는 고고학적 증거 부족이 문제일까?

우리는 자크이브 앙페뢰(Jacques-Yves Empereur)나 프랑크 고디오(Franck Goddio)와 같은 해저 고고학자들을 믿을 수밖에 없다. 이들은 지금까지도 알렉산드리아에서 시작해서 20킬로미터 동쪽으로 떨어진 곳(고대 헤라클레이온으로 추정)까지 발굴을 진행하고 있다. 여기서 발굴된 유물은 알렉산드리아 국립박물관에 소장되어 있다. 그러나 파로스 등대(높이가 100 미터에 달했다고 전해진다)는 절대 완벽히 발굴될 수 없을 뿐더러, 그림으로든 컴퓨터 그래픽으로든(실제로는 더더군다나) 어떤 모습이었는지 재현해내기가 불가능할 것이다. 이 등대는 크니도스의 소스트라토스(Sostratus)가 프톨레마이오스 1세 혹은 2세의 명을 받고 설계했다고 전해진다.

새로운 지방 군주정(아래 참조)의 왕이 있는 수도로서 알렉산드리아는 (또다른 하나의 폴리스는 차치하고) 정당한 그리스의 폴리스가 될 수 없었다. 프톨레마이오스 왕조가 제정한 법은 원주민과 그리스인을 불문하고 이집트 전체에 적용되었다. 최초로 도안에 살아 있는 왕을 묘사한 왕가의 주화도 마찬가지였다. 그러나 알렉산드로스 사후 기원전 300년에서 30년에 이르는 기간에 다른 헬레니즘 세계, 즉 현재의 그리스와 이집트로부터 중부 아시아를 거쳐 파키스탄에 이르는 지역에서는 폴리스가 여전히 정치적·문화적 제도로서 남아 있었다. 예를 들어 알렉산드로스 생전이나 사후의 그리스인들과 마케도니아인들은 현재의 아프가니스탄인 중부 아시아의 박트리아나 소그디아에 폴리스를 도입하였다. 가장 좋은 예로 소그디아의 고대 알렉산드리아인 아이 카눔(Ai Khanum, 타지크Tadjik 방언으로 '달의 여자'라는 뜻)을 들 수 있다. 이곳이 어느 정도로 헬레니즘화되었는지 의구심을 표현하는 학자들도 있었다. 현지의 '야만인'은 문화를 향유할 수 없도록 소외시킨 거점들에 지나지 않는 것은 아닌가? 그리스 건축이라기보다는 페르시아 건축에 가까운 것은 아닌가? 이것이 일반적인 규칙이었는지는 논란의 여지가 있겠으나 확인할 방법은 없다. 어쨌든 이 도시를 건설한 키네아스(Cineas)의 사후 영웅화 제의는 시라쿠사이 중앙에 있는 티몰레온의 그것과 다를 바 없다.

게다가 반대로 헬레니즘화를 뒷받침하는 강력한 증거들이 있다. 가장 강력한 증거는 문화의 가장 민감한 분야인 종교에서 발견된다. 예를 들어 아이 카눔에서 서쪽으로 150킬로미터 떨어진 옥수스(현재의 시르다리아Syr-Darya) 강변의 타흐티상긴(Takhti-Sangin) 경당에는 지역민 아트로소케스(Atrosokes, '불의 신의 힘을 지닌')의 헌정물이 있다. 그리스어 헌정문이 새겨진 석제 제단 위에 늙은 실레노스인 마르시아스가 리드〔관악기의 입 부분에 붙여 진동으로 음을 내는 부속품〕가 달린 한 쌍의 아울로스(Aulos)를 부는 청동상이 놓여 있다! 아폴론이 이 헌정물을 보고 뭐라고 했을지 궁금하다(마르시아스는 아폴론에게 음악으로 도전했다가 패배하여 피부가 벗겨졌다).

이 제단이 발굴되었을 당시에 알렉산드리아의 시인 카바피(1863~1933)가 살아 있었다면 적어도 그는 혼란스러워하지 않았을 것이다. 그는 마치 기원전 200년에 쓴 것처럼(혹은 기원전 200년에서 온 사람처럼) 헬레니즘 시대 그리스인이 자랑스레 선언하는 모습을 상상했다.

> 우리는 알렉산드리아인들, 안티오케이아인들,
>
> 셀레우케이아인들, 그리고 많은
>
> 이집트와 시리아 출신의 다른 헬레네스인들,
>
> 또한 메디아에 있는 사람들, 페르시아에 있는 사람들, 그리고 또
>
> 다른 여러 지역 출신의 사람들이다.
>
> 우리의 확대된 영토와
>
> 신중한 적응을 향한 다양한 노력으로.
>
> 그리고 박트리아 땅까지, 인도 민족에게로 가져간
>
> 그리스의 코이네(koinê) 방언으로.
>
> (「기원전 200년에」 중에서)

우리에게도 유용하게, 카바피는 이 시에서 알렉산드로스 사후의 헬레니즘 세계를 간략하게 요약하고 있다. 시리아의 안티오케이아와 티그리스 강변의 셀레우케이아는 셀레우코스 1세가 세운 제국의 주요 도시다. 셀레우코스 1세는 알렉산드로스의 또다른 장군이었다. 그는 알렉산드로스의 특혜를 받은 동료로서 기원전 324년 알렉산드로스의 요청에 따라 동방인 아내를 맞아들였는데, 다른 동료들과 달리 알렉산드

로스 사후에 아내를 버리지 않았다. 그는 알렉산드로스 제국의 동방 지역을 대부분 승계하거나 자기 것으로 만들었다. 메디아와 페르시아(이란 북부와 남부)의 그리스인들을 언급한 것은 중요하다. 때때로 학자들마저도 이 사실을 잊곤 하기 때문이다. 페르시아 제국의 행정수도였던 수사에서는 에우리피데스의 공연이나 낭독이 행해지고 있었다고 전해진다―극장이 여러 개 있던 알렉산드리아에서는 일상적이었을 일이다. 코이네 방언은 고전 그리스어를 단순화시킨 것이다. 기본적으로는 아테나이 방언이지만 중동과 현재의 파키스탄 지역까지 퍼져나갔다. '70인역'에 사용된 언어도 이것이며, 기독교 신약도 이 언어로 되어 있다.

카바피가 열거한 목록에는 아탈로스(Attalus) 왕국이 빠져 있다. 이 왕국은 기원전 3세기 전반 셀레우코스 제국으로부터 떨어져나왔으며 소아시아 북서부의 그리스계 도시 아이올리스 지역의 페르가몬을 중심으로 하였다. 이 왕조의 인물이 아테나이 아고라의 열주 회랑을 짓는 비용을 댔다고 한다. 이 건물은 1960년대에 록펠러의 지원으로 재건축되었으며 오늘날 미국 고전학연구소의 박물관 및 소장고로 사용되고 있다. 영어의 '양피지(parchment)' 역시 페르가몬에서 유래한 것이다. 정확히 말하면 라틴어로 '페르가몬 파피루스'인 pergamena charta에서 유래했으며 피지(vellum)를 의미한다.

기원전 3세기 중반이 되어서야 전반적 평화가 도래하는데, 이는 절대 쉽게 얻어진 것이 아니었다. 큰 내전을 두 차례 치른 결과였고, 그나마도 쉽게 위기에 처하거나 깨졌다. 헬레니즘기 그리스의 정치사는 왕조간 전쟁의 목록이라고 해도 과언이 아니다(연표 참조). 이집트의 프톨레마이오스 왕조는 아시아의 셀레우코스 왕조와 지루하고 소모적인 전쟁을 펼쳤으며, 그 사이에 있는 팔레스타인과 레반트는 전쟁의 무대가 되기도 하고 전리품이 되기도 했다. 그리스 지역에서는 마케도니아의 안티고노스 왕조(알렉산드로스의 또다른 장군인 애꾸눈의 안티고노스가 수립했다)가 이따금씩 늑대처럼 내려와서 진정한 강자가 누구인지 본때를 보여주고 가곤 했다. 그 예로 기원전 222년 안티고노스 3세 도손은 과격파들을 처단했다. 이중에는 스파르테에서 북쪽으로 얼마 떨어지지 않은 셀라시아의 왕 클레오메네스 3세도 끼어 있었다. 보스 중의 보스, 머리 중의 머리는 아직 등장하기도 전이었다. 기원전 216년 로마는 칸나이에서 카르타고의 한니발에게 참패했으나 곧 거침없이 지중해 세계 최고의 강자로 부상한다. 기원전 30년 무렵 로마는 헬레니즘 세계 전체를 그리스어를 사용하는 동방 속주로서 차지하였다. 그러나 현재의 이란과 이라크 땅을 차지한 기간은 짧았고, 아프가니스탄이나 파키스탄을 흡수하는 데 실패했다.

역사가인 메갈로폴리스의 폴리비오스(기원전 200~120년경)는 이 어마어마한 힘을 연대기로 설명하려 했다. 그는 로마가 칸나이의 패배에서 회복하는 것으로부터 시작해서 기원전 145년까지 서술을 이어갔다. 이때쯤이면 카르타고는 파괴되었고 '마케도니아'와 '아카이아'는 각각 속주와 보호령(protectorate)으로서 공식 로마 제국에 편입된 상태였다. 약 12년 후 페르가몬 왕국도 마지막 왕의 유증으로 제국에 편입되었다. 이 지역에는 '아시아' 속주라는 거창한 이름이 붙여졌다. 그러고 60년 후에는 폼페이우스 마그누스(이름을 비롯하여 많은 부분에서 알렉산드로스대왕을 따르려 했다)가 시리아에 기반한 셀레우코스 왕국과 그 외 아나톨리아 지역 대부분을 제국에 편입했다.

이제 프톨레마이오스가 지배하는 이집트만이 남았다. 한 사람이 이집트를 포함한 로마 세계 전체를 지배하기 위해 더 큰 싸움이 벌어졌다. '서쪽' 편에는 가이우스 율리우스 카이사르 옥타비아누스(보통은 짧게 옥타비아누스로 불린다)가 있었다. 그는 기원전 44년의 암살 사건만 아니었어도 분명 로마 최초의 황제가 되었을 율리우스 카이사르의 양자이자 상속자였다. '동쪽' 편에는 마르쿠스 안토니우스가 있었다. 그는 세련된 지략가였던 그리스-마케도니아 프톨레마이오스 왕조의 마지막 여왕 클레오파트라 7세가 중혼한 남편이었다. 기원전 31

년 그리스 북서부의 악티움(Actium)에서 옥타비아누스의 함대는 클레오파트라와 안토니우스의 함대를 무찔렀다. 두 사람은 옥타비아누스의 원한 어린 손아귀에 들어가느니 알렉산드리아로 돌아가 자결하는 편을 택했다. 기원전 30년에 옥타비아누스는 이집트를 로마 제국의 속주와 동등한 지위로 전환하였으나 사실 이는 말뿐이었다. 이집트는 옥타비아누스가 직접 임명한 사람이 통치하게 되었으며 원로원 의원들에겐 황제 자신의 허가 없이는 출입이 제한되었다. 이렇게 이집트를 로마 지배하에 두면서 로마인들은 알렉산드로스 사후의 헬레니즘 세계 전체를 그들의 거대한 제국에 흡수하는 과업을 완수하였다(거의 그랬다는 말이다. 아프가니스탄은 정복하지 못했는데, 이는 지혜로운 처사였다고 할 수도 있다. 그리고 이란은 아주 잠깐 지배했다).

그러나 고대 알렉산드리아가 기원전 30년에 독립 정치체로서의 운은 다했다 할지라도 지적·문화적 운이 다한 것은 아니었다. 절대 그렇지 않았다. 로마 지배하의 알렉산드리아에도 헬레니즘 시대 못지않은 지성인들이 있었다. 또다른 프톨레마이오스인 클라우디우스 프톨레마이오스는 천문학자이자 지리학자로 146~170년에 알렉산드리아에서 활동했다. 당시의 지성인들은 자신의 생각을 이집트 자생식물인 파피루스로 특별히 만든 종이에 써내려갔다. 파피루스는 그리스 세계

지도 6. 헬레니즘 세계

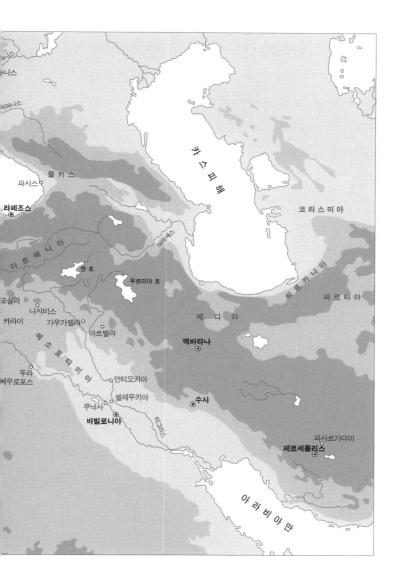

에선 가격 때문에 나무껍질, 도기, 가죽, 밀랍과 같은 싼 재료에 밀려났다. 그러나 로마 시대에 들어와 널리 사용되면서 지금까지 고대 그리스 사회와 문화 전반의 증거가 되어준다. 알렉산드리아의 토양과 날씨가 습한 탓에 파피루스는 나일강을 따라 좀더 남쪽으로 내려간 지점에서 주로 발굴된다. 특히 파이윰 지역의 옥시린코스('뾰족코')라는 작은 어촌에서 많이 발굴된다. 이 마을은 파피루스를 제외하면 잘 알려지지 않았다.

(클레오파트라 여왕처럼) 완전히 남성중심적이고 남성우월적이던 당대 문화에 영향을 주었다고 기록된 고대 그리스 여성의 아주 드문 예를 제시하면서 이 짧은 글을 마치겠다. 히파티아(Hypatia)라는 이름의 그녀는 수학자 테온(Theon)의 딸이었다. 그녀가 알렉산드리아의 첫 여성 수학자는 아니었다. 첫 여성 수학자는 판드로시온(Pandrosion)으로, 아마도 처음으로 세제곱근을 만드는 기하학 구성을 발명한 인물일 것이다. 히파티아는 아스트롤라베(astrolabe〔천문관측 장치〕)와 수중투시경(hydroscope)을 제대로 사용하였다. 그녀가 기억되는 이유는 똑똑한 두뇌나 (전해지기로는) 수려한 외모 때문이기도 하지만 대체로 안타깝게도 그녀가 살해당했기 때문이다─순교했다고 하는 편이 옳을 것이다. 그녀는 415년 키릴 주교의 명을 받은 기독교 군중에게 이교도로서 살해당했다. '고전기의 영광은 여기까지였다(Sic transit gloria classica).'

제 I 2 장

비잔티온

한때 로마 제국의 수도, 이후에는 기독교의 가장 위대한 도시,
세계에서 가장 부유한 도시, 동방교회의 영적 지도자, 문화와 예
술의 보고, 마침내 이슬람교의 호화로운 수도……. 삼면이 바다
로 둘러싸인 가운데 훌륭히 성장한, 유럽을 향하고 아시아를 향
하는 동시에 바다를 향하고 있는, 동양적이면서도 서구적인…….
── 로즈 매컬리(Rose Macaulay), 『폐허의 기쁨』, 1953년

시라쿠사이는 서쪽의 초창기 그리스 식민지였다. 그리스인
들이 에게 해안을 북쪽과 동쪽으로 거슬러올라 헬레스폰토스
해협과 보스포로스('소의 다리'라는 뜻)를 거쳐 흑해 안쪽으로
진출하기까지는 꽤 오랜 시간이 걸렸다. 여기에는 몇 가지 이

유가 있다. 헬레스폰토스의 해류는 주로 그 반대쪽으로 흘렀고, 여름 계절풍(현재는 멜테미meltemi라고 부른다)은 북동쪽으로부터 불어와 흑해에서 내려오는 배들에게는 괜찮았지만 흑해로 진입하려는 배들에게는 난관을 안겼다. 해협에는 적대적인 '원주민들', 보스포로스를 예로 들면 (유럽 쪽의) 트라키아인들과 (아시아 쪽의) 비티니아인들이 살았다. 그리스인들은 흑해를 '친절한 바다'라고 불렀는데 아마도 실제로는 '친절하지 않았던 바다'에 주술을 걸려는 시도였을 것이다. 그리스인들이 이 지역에 정착할 때 슬금슬금 옆쪽으로 확장해나갔던 것은 어쩌면 당연한 일이었다. 이들은 먼저 헬레스폰토스의 세스토스, 아비도스에 정착하고, 그다음 오늘날 마르마라(Marmara)해라고 불리는 프로폰티스 지역의 키지코스와 페린토스에, 그런 다음에는 보스포로스에 정착하게 되었다.

그리고 여기에는 여러 가지로 재미있는 전설이 전해진다. 그리스인들은 두 개의 도시를 서로 마주보게 건설했다고 한다. 하나는 오늘날의 유럽 쪽 이스탄불이고 다른 하나는 아시아 쪽의 카디쿄이였다. 이 새로운 보스포로스 도시들의 모도시는 (아마도) 그리스 중부의 메가라였을 것이다. 아테나이에 불편한 이웃이었던 메가라는 해외 식민시를 많이 두지 않았지만 그들 모두가 번영하였다. 기원전 750~725년 시킬리아 동부 해안에 세워진 메가라 히블라이아는 그리스인들이 최초로 건설한 영구 정착지 중 하나였다. 그 이름은 모도시의 이름과 시켈족의 우호적이었던 왕 히블론(Hyblon)을 합성한 것이었다. 기원전 7세기에는 시킬리아의 메가라인들이 이 도시 중심에 격자구획의 아주 이른 사례를 남겼고, 도시의 건축과 장례 유적을 중심으로 한 발굴을 통해 이들이 다양한 무역 상대를 지녔으며 꽤 높은 수준의 생활을 영위하였음이 알려졌다. 아마도 이 성공 사례가 흑해로의 진출을 부추겼을 가능성이 크다. 흑해 연안의 농지가 큰 것은 아니었으나, 이곳을 드나드는 무역선들을 갈취하면 큰 이득을 얻을 법했기 때문이다.

그러나 모두의 예상을 깨고 첫번째 도시는 골든 혼(Golden Horn[터키 이스탄불의 내항])의 풍부한 천연자원을 가진 유럽 쪽이 아닌 반대편에 건설되었다. 아시아 쪽의 도시는 칼카돈(Calchadon), 혹은 칼케돈이었다[그리스어로는 거의 늘 칼케돈이다]. 메가라인들은 비잔티온이 된 도시를 못 알아보고 반대편 도시를 선택한 탓에 훗날 눈먼 자들이라는 오명을 쓰게 되었다. 오늘날 이 두 도시는 하나의 도시이며 효과적으로 연결되어 있다. 직접적으로는 페리를 통해, 조금 멀리 북쪽으로는 보스포로스 양편을 이어주는 다리를 통해 연결된다. 기록에 따르면 이 다리가 최초는 아니다. 고대 그리스의 건축가이자 설계사였던 사모스 출신의 만드로클레스(Mandrocles)는 페르시아 왕 다리우스 1세(기원전 522~486년경 재위)의 명으로 다리를 세운 바 있다. 배로 만든 이 다리가 매우 마음에 들었던 다리우스 1세는 만드로클레스에게 많은 선물을 하사했다. 만드로클레스 역시 자신의 업적에 도취되어 다리 그림을 의뢰하였고 이를 자기 고향의 수호신 헤라에게 다음과 같은 문장과 함께 바쳤다(헤로도토스의 저서에 기록되어 있다〔헤로도토스, 4.88〕).

물고기가 많은 보스포로스를 서로 연결한 뒤
만드로클레스가 이 시를 헤라에게 바쳤노라
그의 작품인 배로 만든 다리를 기념하며
자신을 위해서는 승리의 관을, 사모스를 위해서는 영광을 얻었네,
다리우스 왕의 뜻을 이루어줌으로써.

그러나 만드로클레스의 다리가 아시아 쪽으로부터 공격할 목적(결국 그리 성공을 거두지 못한 다리우스의 유럽 공격)으로 만들어지고 목적을 다하자 허물어진 데 비해, 오늘날의 보스포로스 다리는 (아시아의 것을 유럽으로 들여오는) 동쪽으로부터의 유입을 장려하며 평화로운 교류에 사용된다.

비잔티온은 (기원전 688년 혹은 657년) 건설된 후 별다른 정치적 사건이 없다가 기원전 499년 '이오니아 반란(기원전 499~494년)'의 일부로 페르시아에 맞서 반란을 일으킨다. 비

잔티온은 다행히도 반란의 주축이던 밀레토스처럼 되지는 않았지만, 기원전 480년 페르시아인들이 다시 군대를 이끌고 헬레스폰토스를 (또다른 배다리로) 건너 아시아에서 유럽으로 향했을 때는 그들의 요구대로 병력을 지원할 수밖에 없었다. 당시에는 페르시아에 대항해 싸운 그리스인들보다 페르시아와 대등하든 혹은 그 지배하에 있든 페르시아 편에서 싸우는 그리스인들이 더 많았다(부록 참조). 그러나 기원전 479년 플라타이아와 미칼레에서 그리스인들이 거둔 승리는 비잔티온 해방의 전조가 되었다. 스파르테가 아시아에서 자유를 위해 싸우는 동안 비잔티온이 동맹 본부로 사용되었던 것이다. 그러나 스파르테가 파우사니아스 장군을 소환하면서(그는 스파르테인답지 않게도 명령을 어기고 개인 신분으로 비잔티온에 갔지만 친페르시아 성향 때문에 체포되었다) 아테나이가 페르시아 전쟁의 지휘를 맡게 되었다. 비잔티온은 아테나이의 많은 동맹국 중 하나가 되어 1년에 은 15탈란톤이라는 비싼 공납금을 내는 데 동의할 수밖에 없었다.

아테나이에 비잔티온이 중요했던 이유는 이 도시에 매년 우크라이나, 러시아 남부, 크리미아 등의 흑토지대로부터 아테나이와 그 밖의 에게 해안 지역들로 밀과 주요 식료품을 실어 오는 배를 관리하고 세금을 부과할 능력이 있었기 때문이다. 새로운 정보를 담고 있는 비문이 아테나이에서 발굴되었는데, 기원전 420년대 초반의 것으로 추정되는 이 비문은 아테나이와 그리스 북부의 메토네 및 마케도니아 왕 사이의 관계를 나타내고 있다. 두 군데에서 '헬레스폰토스 경비'라는 직함을 발견할 수 있는데, 이들은 비잔티온에 근거지를 두고 (아테나이 외에) 어느 그리스 도시가 얼마만큼의 흑해 연안 곡물을 언제 받아야 하는지 결정하는 임무를 맡고 있었다. 다른 사료들은 비잔티온에 근거지를 둔 세관들이 보스포로스를 지나다니는 양방향의 상품에 고정된 세금을 부과했다고 증언한다.

이처럼 비잔티온은 아테나이 제국 네트워크의 중요한 포인트였다. 펠로폰네소스 전쟁 말미에서 그 직후까지(이때 스파르테는 페르시아의 도움으로 마침내 괜찮은 함대를 갖추게 되었다) 비잔티온이 가장 중요한 전쟁 목표였던 것은 놀라운 일이 아니다. 기원전 404년 스파르테인들의 승리를 결정지은 가장 중요한 요소는 아테나이 제국의 해체와 최대 300척에서 1200척까지 되던 엄청난 규모의 아테나이 함대가 감축된 것이었다. 그러나 스파르테인들은 제국 자체엔 반감이 없었기 때문에 자신들이 새롭게 확장한 에게해 제국이 작동하도록 외부에 하르모스트(harmost, '관리자')라는 사무소를 세웠다. 가장 중요한 관리들은 자연스럽게도 비잔티온에 자리잡았다.

그래서 스파르테와 재기하려는 아테나이 사이에서 비잔티온을 두고 벌어진 싸움(페르시아가 이들 사이에서 중요한 역할을

했다. 이번에는 적대적이던 스파르테를 등지고 아테나이 편을 들었
다)은 기원전 390년대 말에서 380년대 초까지 이어졌다. 그
러나 아테나이의 해군력은 다시금 페르시아인들에게 위협이
되기 시작하며 기원전 5세기 무렵의 아테나이 제국을 떠올리
게 했다. 아테나이가 비잔티온을 도로 손에 넣고 무역세를 부
과하기 시작하자 페르시아인들은 다시 스파르테를 지원하기
시작했다. 친페르시아 장군인 안탈키다스(Antalcidas)가 헬레
스폰토스를 막게 하여 아테나이가 또다시 기아에 허덕이도록
위협한 것이다(기원전 405/4년에 썼던 방법). 그리하여 곧이어
기원전 386년에 왕의 평화조약이 맺어졌다. 안탈키다스의 평
화조약이라고도 하는 이 조약으로 비잔티온은 아테나이의 손
아귀에서 벗어나게 된다.

그러나 비잔티온에는 강한 친아테나이 성향의 인물들이 남
아 있었다. 가장 중요한 인물은 아테나이의 공무대리였던 필
리노스(Philinus)였다. 기원전 378/7년에 아테나이와 동맹을
맺을 때 비잔티온 쪽의 대표가 바로 그였을 것이다. 그는 '키
오스인들과 같은 조건'을 걸며 협상했다. 키오스인들은 민주
정이 아닌 과두정을 택했지만 기원전 5세기 내내 아테나이 제
국의 신망 높은 일원이었다. 그러나 기원전 384년 아테나이
와 다시 동맹을 맺을 때 그들은 민주정 시민처럼 행동했다. 이
상적으로나 전략적으로는 아테나이에 대한 연민 때문이었고,

스파르테가 왕의 평화조약을 노골적으로 무시한 것에 대한 반감 때문이기도 했다(10장 참조). 비잔티온 역시 비슷한 상황에 있었다. 그리고 앞서 본 것처럼 테바이 역시 기원전 378년에 민주정이 되었다. 같은 해 여름에는 이 세 곳의 민주정 도시들(키오스, 비잔티온, 테바이)이 또다른 세 도시들(미틸레네, 레스보스 섬의 메팀나, 섬 도시국가 로도스)과 결합하여 아테나이의 두번째 해상연맹(첫번째 연맹이 반페르시아를 표방하다가 나중에 반스파르테 성향을 띠게 된 것과 달리 처음부터 노골적인 반스파르테 동맹이었다)을 창립한다.

이 새로운 아테나이 연맹은 처음엔 급격히 성장하여 크고 작은 도시국가를 합쳐 최대 75개 정도 되었다. 아테나이가 그들이 필요한 곳에서 적절하게 리더십을 발휘했고 소유권이나 동맹도시의 특권을 침해하지 않겠다는 서약을 잘 지켰기 때문이다. 그러나 기원전 373년경부터 아테나이가 점점 하나씩 서약을 어기기 시작했다는 증거가 있다. 기원전 357년에 비잔티온은 동맹시 전쟁(기원전 357~355년)이라고 알려진 전쟁을 일으키는 데 중요한 역할을 하게 된다. 기원전 350년대 중반에는 놀랍게도 키오스 역시 반란을 일으킨다. 기원전 355년에 이 창립 회원에게 아테나이가 패배하자 연맹은 세력 단위로서 효력을 다하게 된다.

마지막으로, 비잔티온은 마케도니아의 필리포스가 부상하

는 데 중요한 역할을 했다. 기원전 352년경 필리포스는 비잔 티온에 거의 진입했었다. 그는 트라키아를 건너 프로폰티스 서쪽 해안에 위치한 헤라이움 테이코스(Heraeum Teichos, '헤라 의 성벽')까지 번개처럼 전진해갔다. 하지만 사실 이는 힘을 과 시하기 위한 위협에 지나지 않았다. 12년 후에 필리포스는 정 말로 프로폰티스의 페린토스에서 시작하여 비잔티온을 포위 공격했지만, 이 두 공격 모두 실패로 돌아갔다. 이는 매우 놀 라운 일이었는데, 공격 목표가 쉬웠기 때문이라기보다 필리 포스가 포위 공격의 귀재였기 때문이다. 그는 한 번도 포위 공 격에 실패한 적이 없었다(가장 유명한 것은 기원전 357년 암피폴 리스에서의 승리일 것이다). 이 상황에서 주적은 아테나이였으 므로, 그는 스파르테인들이 기원전 405/4년과 387/6년에 했 던 대로 아테나이의 밀 공급을 끊으려 했다. 이 두 도시를 점 령하여 목표를 달성하는 데 실패하자 그는 더 직접적인 방법 을 썼다. 흑해 입구의 히에론에 거점을 두고 기원전 340년 여 름 아테나이로 향하는 곡물 공급선을 모두 차단했던 것이다.

아테나이는 당장엔 저장된 밀과 대체 곡물이 충분히 있어 (기원전 405/4년과 387/6년처럼) 항복할 필요는 없었다. 그러나 곧 그리스 중부에서 필리포스와 맞대결을 펼칠 수밖에 없는 상황에 처한다. 결과적으로 기원전 338년 보이오티아의 카이 로네이아에서 전투가 벌어졌고 필리포스에게 완벽한 승리가 돌아갔다(그의 18세 아들 알렉산드로스는 마케도니아 기병대를 지휘했다). 테바이는 완전히 몰락했고(마케도니아군이 주둔하게 되었다) 아테나이 역시 몰락하였다(주둔군이 생기진 않았지만 중립국이 되었다). 또한 필리포스의 아테나이인 주적이자 부유하지만 이상적인 민주주의자 데모스테네스의 몰락을 의미하기도 했다.

데모스테네스는 필리포스를 야만인으로 생각했을 뿐 아니라 진정한(계몽적이고 민주주의적이며 세련된) 헬레니즘의 미래를 파괴할 존재라고 생각했다. 그는 사망할 때까지 아테나이인들이 마케도니아에 저항하도록 끊임없이 선동하였다. 그러나 기원전 323~322년에 알렉산드로스가 사망하고 마침내 기회가 왔을 때, 그리하여 실제로 아테나이인들이 20여 개의 그리스 도시들을 이끌고 반란을 일으켰을 때 그들은 군사적으로 기원전 338년보다 잘해내지 못했다. 오히려 정치적으로는 그때보다 훨씬 못했기 때문에, 마케도니아의 강경한 새 지배자들은 지긋지긋했던 아테나이 '민중의 힘'에 종지부를 찍어 버렸다. 고대 그리스 민주정은 기원전 322년에 완전히 끝났다고 할 수는 없지만 크게 약화되었다. 데모스테네스는 상징적으로 칼라우레이아(현재의 포로스)섬에서 독을 먹고 자결하였으며, 그리하여 친마케도니아 적들로부터 고문당하고 결국 처형될 최악의 운명을 피할 수 있었다.

제13장

에필로그

그리스는 정복당했지만 흉악한 정복자[로마]를 사로잡았다
(Graecia capta ferum victorem cepit).

— 호라티우스, 『서간』, 2.1., 기원전 8년

호라티우스의 유명한 시구 「정복당한 그리스Graecia capta」
는 대단한 찬가였고, 근본적으로 정확했다. 로마인들이 고전
기 그리스 문화의 승계자임을 선언하기로 결정한 덕분에 우
리 또한 셸리의 과장되었지만 이해 가능한 '우리 모두가 그리
스인이다'라는 주장을 환기할 수 있게 되었다. 그러나 로마인
들과 낭만주의자들, 그리고 우리 사이에는 해결할 수 없는 장
애물이 두 개 있다.

첫째는 역설적이게도 비잔티온의 그리스인들과 비잔티움 세계이다. 이들은 스스로 '헬레네스인'보다 '로마인'이라고 부르길 원했다. 그들이 (아이러니하게도 그리스어로 쓰인) 신약을 저술한 유대인 출신 저자들의 설교와 선입견을 통해 자신들은 기독교도, '헬레네스인'은 '이교도'(용어사전 참조)라는 이분법적 사고를 가지게 되었기 때문이다.

둘째는 기세등등한 오토만 제국이었다. 그들은 먼저 비잔티움(제국)을 망하게 하고 콘스탄티노폴리스라는 이름을 폐기했다. 오랫동안 비잔티온으로 불려온 곳(도시)은 이스탄불이라는 새 이름으로 불리게 되었다. 또한 그들은 이슬람 제국을 알제리아에서 시리아와 이집트를 거쳐 헝가리 근방까지 확장했다. 오토만 제국에서 가장 위대한 통치자였던 술탄 슐레이만은 비잔티움 세계가 멸망하고 한 세기가 조금 더 지난 1565년에 다음과 같은 글을 남겼다(합스부르크 황제와의 조약문 중에서).

나……는 동방과 서방의 술탄 중 술탄이며 흑해와 지중해의 황제이자 술탄이다……. 이 세상 모두가 인정하는 챔피언이다……. 나는 술탄 셀림(Selim)의 아들 술탄 슐레이만이다.

아무리 늦춰 잡아도 서기 2세기였던(에드거 앨런 포의 시구를 빌려 표현하자면) 그리스의 영광은 그에겐 너무 먼 옛날이야기였다. 2세기는 '제2의 소피스트' 절정기이자 헬레니즘 부흥기라고 할 수 있다. 하드리아누스나 그의 의붓 손자 마르쿠스 아우렐리우스같이 헬레니즘 문화에 심취한 로마 황제들이 이를 후원했고 플루타르코스, 아리아누스, 파우사니아스와 같은 이들이 글을 남겼다. 이 움직임이 헬레니즘에 대한 향수로 인한 것이었음은 부인할 수 없다. 실제로 하드리아누스는 범헬레네스를 표방했다. 그러나 이는 아직 진짜가 아니었다. 마지막 불꽃 혹은 꺼져가는 불씨랄 것은 약 200년 후 또다른 황제의 짧은 재위기간에 찾아왔다. 바로 배교자 율리아누스(361~363년 재위)였는데, 그는 기독교 정교 교육을 받고 자랐음에도 일종의 지성적 이교주의로 역(逆)개종했기 때문에 이런 이름이 붙게 되었다. 그러나 그의 시대에 헬레니즘 이교도 혹은 다신주의자가 된다는 것은 반동적이었다. 이교 신들의 꺼져가는 불꽃을 살리려는 노력이자 보편(가톨릭), 정통(올바른 믿음), 유일신교의 진실한 단일신 개념에 배척되게 이교 신들을 살리려는 헛된 시도였다. 유일신 개념이 인간적이며 일상적인 형태의 교리가 된 것은 로마 최초의 기독교 황제 콘스탄티누스 대제(312~337년 재위) 시기였다.

콘스탄티누스는 이 책에서 다룬 마지막 도시 건설자다. 이 책에는 건설자의 부류가 총망라되어 있다. 신화 속 인물인 미

노스(크노소스), 테세우스(아테나이), 카드모스(테바이), 헤라
클레스의 후예들(스파르테)을 비롯하여 사후에 영웅화된 역
사 속 인물인 식민시 마살리아, 시라쿠사이, 비잔티온의 건설
자들(모도시는 각각 포카이아, 코린토스, 메가라였다), 그리고 또
한 알렉산드로스대왕(알렉산드리아)이 있다. 콘스탄티누스는
현재의 세르비아 니스(Nis) 출신이다. 그는 군인 황제였으며
그리스 이름이 아닌 로마 이름을 가지고 있었다. 그러나 그는
324년 제국 동쪽에 새로운 그리스 도시를 건설하고자 했다.
이 도시는 보스포로스해협 양편에 걸쳐 있어서 유럽과 아시
아, 동과 서를 구분하였다.

　이 수도는 330년 5월 11일에 봉헌되었다. 그는 마케도니아
의 필리포스(필리포폴리스, 현재의 불가리아 플로브디프Plovdiv)
와 알렉산드로스대왕(현재의 그리스 트라키아에 있는 알렉산드
루폴리스에서 시작하여 발작적으로 많은 알렉산드리아를 건설하였
다. 가장 유명한 알렉산드리아는 이집트에 있다. 11장 참조)을 비롯
한 황제들의 오랜 관행대로 자신의 이름을 따서 콘스탄티노
폴리스라고 도시의 이름을 지었다. 그러나 콘스탄티노폴리스
는 원래 비잔티온이었다. 앞에서 보았듯 기원전 7세기에 세워
진 도시였으며 5세기 중반부터는 이스탄불이라는 이름으로
부르게 되었다(폴리스를 포함한 그리스어 이름을 터키인들이 잘못
발음한 탓일 것이다). 그러나 이는 또다른 이야기다. 천 년간 이

어져온 비잔티움 문명과 시대를 1453년에 끝마친 오토만 제국의 술탄 정복자 메흐메트는 그리스어로 말하고 쓰고 읽을 줄 알았으며 그 점에 자부심을 가지고 있었다. 오토만 이슬람 제국에서뿐만 아니라 그때까지 존재한 건축가 중 가장 훌륭하다고 할 술탄의 건축가 시난(Sinan) 역시 비잔티온 그리스인이었다. 심지어 앞서 다룬 슐레이만마저도 질서를 뜻하는 온전히 그리스적인 단어 '코스모스(cosmos)'를 사용했다.

콘스탄티누스가 324년 11월에 콘스탄티노폴리스를 동부 제국의 새 수도로 지정했을 때, 그리스인은 (도시 건설의 현장에 합당한 비유를 쓰자면) 여러 차례 '흙 삽질을 하여(in spades)' 예전에 로마의 시인 호라티우스가 그들의 (문화적 우월함을) 칭찬한 데 보답한 셈이었다. 왜냐하면 그후로 모든 비잔티온 그리스인은 '로마인'이 되었고, 한 세기쯤 후에 큰 지진이 일어나자 플라비우스 콘스탄티누스(Flavius Constantinus)가 '프라이토르 프라이펙투스(Praetorian Prefect)'로서 테오도시우스 2세 치하에서 거대한 도시 성벽 재건을 감독했기 때문이다. 여전히 그 자리에 서 있는 대리석비에는 세 줄의 짧지만 명확한 6보격이 적혀 있다.

테오도시우스의 지휘로 두 달도 채 되지 않아
콘스탄티누스는 이 강건한 성벽을 성공적으로 지었다

이렇게 안전한 성채를 그렇게 빠른 시간에, 〔심지어〕 팔라스〔아테나〕도 그렇게는 못했을 것이다.

로마처럼 콘스탄티노폴리스도 일곱 개의 언덕 위에 지어졌다. 그러나 도시 건설의 비교는 아테나이의 아크로폴리스와 그 수호신인 아테나 팔라스와의 비교로까지 나아갈 수 있다. 명백한 오만함이다. 실로 그러했다!

1453년 메흐메트 2세가 비잔티움 제국의 남은 부분을 완전히 정복할 때까지 비잔티온인들은 스스로를 '로마인'이라고 부르길 원했다. 오늘날에도 그리스적인 것의 핵심을 표현하는 말로 로미오시니(Romiosyni)를 들 수 있다. '로마인 같은(Romanness)'이라는 뜻의 이 단어는 야니스 릿소스(Yannis Ritsos)의 유명한 현대시 제목이며, 이 시로 미키스 테오도라키스(Mikis Theodorakis)가 노래를 만들기도 했다.

그러나 도시 비잔티온은 앞서 보았듯이 (거의) 고대 그리스와 역사시대 그리스 문명 초기까지 거슬러올라간다. 더구나 새로운 땅에 새로운 식민 폴리스를 건설하는 과정에서 이들은 스파르테인들이 헤일로테스들에게 했듯 비티니아인들을 노예 신분으로 떨어뜨리기도 했다. 우리는 다시 한번 자유와 예속, 야만과 문명을 고대 헬레네스 역사에서 발견할 수 있다.

비잔티움 문명과 시대의 역사는 고전기, 심지어 상고기 및 헬레니즘기 그리스와 비교될 운명에 있었다. 이 부정적인 측면을 (가장 독창적이라고 할 순 없지만) 가장 신랄하게 표현한 것은 1788년 출판된 에드워드 기번의 『로마 제국 쇠망사』 48장이다.

비잔티움 제국의 예속민들은 그리스와 로마 시민을 자처하면서 그 이름을 더럽혔다. 그들은 그야말로 한결같이 비굴한 악덕을 보였는데, 이는 인간성의 나약함으로 누그러지지도 않았으며 기억될 만한 범죄로 발전하지도 않았다.

신랄하다! 비잔티온인들은 그냥 악덕한 것이 아니라 '비굴하게' 악덕했고 '그야말로' 한결같았다. 게다가 비잔티온인들의 가장 큰 실패는 정치였다. 그들의 문명은 자유롭지 못했던 것이다. 그러나 기번이 이 문장 바로 앞에서 자유로운 고대 아테나이 시민들에게 보냈던 부적절한 찬가는 아테나이의 정치적 자유가 조건부였음을 깨닫지 못한 데서 비롯되었다. 그들의 자유는 직접적으로나 간접적으로나 훨씬 다수인 동산 노예들의 노동력에 기반해 있었다. ('바르바로이' 즉 페르시아로부터) 그리스의 자유를 수호하는 데 혁혁히 공헌한 테르모필라이와 플라타이아 전투에서 스파르테인들에게 공이 돌아간 것과 같은 이치이다. 이들은 헤일로테스라는 경멸적인 이름이 붙은 더 많은 수의 세습 노예들에게 의존하고 있었다. 이들은 (아테나이의 노예들과 달리) 자유로웠던 '좋은 시절'에 관해 생생하지만 부정확한 집단기억을 간직한 그리스인이었다.

이 논점은 전(前) 헬레니즘과 (로마를 거친) 헬레니즘 그리스가 '정치', '민주주의'를 비롯한 많은 것들의 근원이자 서구 문화의 가장 중요한 뿌리임에도 불구하고, 그들의 문화와 정치가 우리의 생각 및 행동과 매우 다를 뿐 아니라 사실상 이질적이고 (어쨌든 1830년대에 노예폐지가 성취된 뒤로는) 그야말로 생소한 것이라는, 한마디로 '타자적'이라는 점을 상기시켜준다.

그리스 문명을 계속 공부해야 하는 한 가지 이유는 면밀히 말하자면 이 다름 혹은 '타자성'을 연구하고 우리가 가진 것 (혹은 가졌다고 생각하는 것)과의 문화적 공유점을 따지며 균형을 잡아가기 위해서다. 헬레니즘이 남긴 유산의 긍정적인 면을 의식하면서 결론으로 옮겨가도록 하겠다. 먼저 두 개의 유명한 경구를 살펴보자. 하나는 집단적, 비인격적, 그리고 그 위치 때문에 신적 기원을 지닌다. 다른 하나는 특정한 개인과 연관되었으며 매우 인간적인 맥락에 있다. 내 생각에 이 둘은 그리스 유산의 매력적인 유사성과 예리한 차이점을 무척 잘 보여준다.

'너 자신을 알라(Gnôthi seauton)'는 델포이의 아폴론 신전에 새겨진 (세 개의) 유명한 경구 중 하나다. 델포이는 고대 그리스 세계의 영적 '배꼽'이었다(부록 참조). 오늘날 우리가 이 경구를 따를 가장 중요하고도 흥미로운 방법은 (우리 이전의 문화 선조인 로마인들과 같이) 그리스인들이 중요하다고 생각한 것을 알려고 하는 것, 최소한 그들의 사회문화 풍속을 완벽히 설명할 필요는 없더라도 이해하는 것이다. 뒤에서 다시 논하겠지만, 정치는 우리에게 익숙한 자유로운 서구 문화의 관념과 매우 다르더라도 이해 과정에 필수적인 요소다.

다른 하나의 경구는 다음과 같다. '검증되지 않은 삶은 살 가치가 없는 인간을 위한 것이다.' 소크라테스의 가장 위대한 학생이었던 플라톤의 『변명』에 따르면, 기원전 399년 아테나이 민주주의 법정에서 소크라테스가 재판중 위기에 처해 (in extremis) 한 말이다(8장 참조). 이 경구는 그리스식 변증법적 사고의 특징을 잘 보여준다. 앞서 언급한 델포이의 경구와 양립할 수 있고 상호 보완적이면서도 모순된다. 왜냐면 한편으로 (불변화사인 'men'과 'de'로 표현되는 고대 그리스 특유의 대구법을 사용하자면) 자신을 안다는 것은 한 인간이 스스로 신이 아닌 인간임을 깨달아 약하고 보잘것없으며 필멸인 인간에게 '신'이 부과한 법과 질서를 의심 없이 무조건적으로 존중하고 따라야 한다는 것이기 때문이다. (529년 기독교 비잔티움의 황제 유스티니아누스가 前 기독교의 그리스철학 학교들—그중 가장 유명한 곳은 아테나이의 아카데미아였다—을 모두 폐교하라고 명령했을 때 그는 이 경구에 따랐던 것이다.) 반면('de') 이는 완전히 정반대로 해석될 수도 있다. 이 존재는 모든 것을 의심한다. 그저 인간의 창조물과 관습만 의심하는 것이 아니라(이두 가지에 대해서 그리스인들은 '노모스nomos'라는 한 단어를 사용하였다. 이 단어는 '법'을 뜻하기도 했다) 전통적인 믿음과 신의 위압적인 권위마저도 의심한다.

이러한 해석의 경연문화(아고네스agônes)는 물론 그리스에 국한된 것은 아니었지만 특히 아테나이와 시라쿠사이 같은 고전기 그리스 민주정 사회문화의 특징이었다. 그러나 경쟁심(아고니아agônia)은 그리스만의 것은 아니었다. 분명 이 책을 읽은 독자들 중에는 부분이나 전체 내용에 관해 꼬투리를 잡거나 폄하하고 싶은 이들이 있을 것이다. 그러나 나는 이 책을 마무리지으면서 그들에게, 그리고 다른 독자들에게도 그러한 비판과 비난의 정반대를 제안하고 싶다─인정하건대 아마도 양날을 가졌을─찬사나 찬가 말이다.

300년쯤에 이름은 메난드로스이고 별명은 레토르(Rhêtôr, '웅변가')였던 그리스인이 폴리스를 찬양하는 방법에 관해 짧은 글을 썼다. 다음의 글은 모겐스 한센의 책에서 인용한 것이다(『폴리스』, p. 158).

폴리스의 도시적 측면은 강조된다. 그러나 폴리스의 정치적 성과나 제도에 있어서 메난드로스는 더이상 논의할 가치가 없다고 여긴다. 로마의 모든 폴리스들이 이제 하나의 폴리스, 즉 로마에 지배되고 있기 때문이다!

대단한 예언가들도 실수를 하기 마련이다. 한 세대가 조금 지난 뒤 또다른 폴리스가 부상한다. 로마 황제 콘스탄티누스(337년 사망)의 새로운 수도, 비잔티온/콘스탄티노폴리스라는 새로운 로마는 (4세기엔) 그 이전의 로마보다 훨씬 훌륭했다. 특히 위치 선정이 탁월했는데, 유럽과 아시아가 만나는 지점에 위치하여 서쪽의 옛 로마와 로마 주권을 위협하는 동쪽의 '바르바로이' 양쪽 모두에게 도전하고 있었다.

이 도시의 기초는 헤로도토스가 그보다 7세기쯤 전에 선언한 법과 유사한 구절의 좋은 예가 되기도 한다(1권 5장).

나의 남은 이야기를 크고 작은 도시들(폴리스들poleis)을 소개하는 데 사용하겠다. 내 시대의 큰 도시들 다수가 이전에는 작았기 때문이다.

고대 그리스의 비잔티온은 그보다 천 년쯤 전에 세워졌다. 그리고 비티니아의 노동력과 보스포로스를 통과하는 무역품에 대한 세금을 적극적으로 활용하여 큰 도시로, 적어도 유명한 도시로 부상했다. 그러나 새로운 비잔티온은 옛 비잔티온과는 황제의 수도라는 것 외에도 기독교(정교와 가톨릭 '보편종교') 제국의 수도라는 점에서 달랐다. 325년에 콘스탄티누스는 니카이아(현재의 이즈니크Iznik)에서 주교회의를 열어 일신교(니카이아 신경)를 속세에 공인했다. 그러나 기존의 '이교도' 신들이 완전히 죽은 것은 아니었다. 사실 오늘날까지도 그들에겐 신봉자들이 있다. 그러나 상대적으로 유연하고 폭 넓은 구식의 이교는 배타적이고 교리적인 신경에 자리를 내주어야 했다. 이 새로운 종교는 (알렉산드리아에서 있었던 히파티아 살해를 그 도시의 주교가 묵인해주었듯이) 이런 행동을 묵인할 수 있었다. 물론 이러한 기독교도들의 이교도 살해, 그리고 (더 일반적이던) 기독교도의 기독교도 살해가 고전기 그리스를 망가뜨린 소요(staseis, 아르고스에서 있었던 '몽둥이질'과 같은)에서 벌어진 시민들의 동료 시민 살해보다 나쁜지는 논쟁의 여지가 있다. 그러나 어쨌든 옛 그리스의 폴리스, 즉 (많은) 신들과 (많은) 사람들의 도시는 과거의 유물이 되었다.

그러나 알렉산드리아는 오늘날에도 향수를 일으킨다는 면에서 여전히 매력적이다. 고전적 문체를 사용하는 시인 카바피의 「도시Hê Polis」라는 시와 E. M. 포스터의 특징적인 『역사와 가이드』(1922), 그리고 로런스 더럴(고전에 영향을 받은 연작소설 『알렉산드리아 4중주』에서 카바피를 '도시의 옛 시인'이라고 불렀다)의 소설 속 페이지들은 특히 그런 매력에 빠져 있다. 향수와 관련된 규칙에 단 하나 예외가 있다면 새로운 알렉산드리아 도서관이다. 이 도서관은 노르웨이인이 디자인했으며 '가상현실' 시설을 갖추고 있다. 2200년 전인 기원전 200년에 최초의 도서관이 고대 그리스인들에게 현대적이었듯이, 오늘날 우리에게도 이곳은 현대적이다.

새로운 도서관의 웹사이트에는 '이 도서관은 비블리오테카 알렉산드리나(Bibliotheca Alexandrina)의 개방적 정신과 학풍을 되찾기 위해 세워졌다'고 적혀 있다. 물론 비블리오테카 알렉산드리나는 원래의 그리스 이름이 아닌 라틴어 이름이다. 이 도서관과 연계되어 있던 박물관의 원래 학풍은 앞서 본 것과 같이 개방적이고 자유로운 지식 교류만큼이나 학자간의 증오(odium academicum)로 알려져 있었다. 개방성은 고대 그리스의 이상을 잘 드러내는 표현이기도 하다. 무수히 많은 도시들 중 몇 개만 선택하여 설명한 이 짧은 고대 그리스 입문서의 결론에서 내가 하고자 하는 말이 바로 개방성이다. 논의의 개방성 말이다.

영어의 정치(politics)는 고대 그리스어의 중성 복수 형용사 폴리티카(politika)에서 유래한 말이다. 이는 '폴리스와 연관된 일'(아리스토텔레스가 기원전 330년대에서 320년대에 쓴 그의 가장 위대한 정치사회학 및 정치이론 저서 속 용례가 가장 유명하다)을 뜻한다. 그리스인들에게 정치는 무대 중앙에서 벌어지는 것이었다. 그들은 '중앙으로(es meson)'라고 표현했다. 공적인 일은 그저 시민들의 걱정거리에 머무는 게 아니라 실제로 결정해야 하는 것이었다. 시민은 '중앙으로' 모여 논의하고 논박했으며 옳든 그르든 그들이 공공선이라고 믿는 것, 도시와 시민의 공공 이해라고 믿는 것을 철저히 검토하였다. 물론 여성은 공동 정치 사업에서 의사 결정의 주체 역할을 할 수 없었다. 또한 노예와 비슷한 신분의 많은 노동자들이 도시 안팎에서 일하며 도시 내의 시민들이 정치에 참여하는 데 필수적인 여가(스콜레skholê, 영어의 '학교school'가 이 단어에서 유래했다)를 제공했다. 그리고 아테나이같이 급진적 민주정이 이루어지던 곳에서만 대부분의 가난한 남성 시민들이 의사 결정에 직접 참여할 기회를 얻었다. 마지막으로, 그리스 시민들이 불행히도 내적인 충돌을 해결하기 위해 자주 내전(stasis)을 벌인 것도 사실이다. 또한 도시 간의 관계에는 우정보다 질투(phthonos)가 개입했다. 그러나 자주 일어나지 않은 이상적인 경우에라도 그리스 정치는 우리의 주목을 받을 만하다. 아니, 우리의 존중을 받을 만하고 우리가 따를 만하다. 여하튼 그것이야말로 지금 나에게 있어 '문명'이 ─ 도시의 문명이 뜻하는 바다.

부록: 범헬레네스 성소

범헬레네스('모든 그리스'라는 말이지만 꼭 그리스에만 국한된 것은 아니다) 성소 중 가장 중요한 두 곳은 올림피아와 델포이다. 이들은 도시의 성소라기보다는 도시국가 간의 성소였다. 그러나 집단적으로든 개인적으로든, 공식적으로든 비공식적으로든, 이 두 곳의 신비롭고 종교적인 공간을 탐험하기 위해서든 착취하기 위해서든 이곳에서 만나는 도시국가들은 절대로 정치적 정체성을 함몰시키지 않았다. 예를 들어 올림피아에는 11개의 도시가(그중에는 시라쿠사이와 비잔티온이 있었다, 델포이에는 마살리아가 보고를 세웠다) 보고를 세워 공동의 그리스 땅에 자신만의 족적을 남겼을 뿐 아니라 분쟁이 잦은 그리스 도시국가들 사이에서 (스스로 판단한) 자신의 위치를 선전했다. 델포이에서는, 가장 고전적인 예를 들자면 스파르테와 아르고스가 아폴론 신전(이곳에는 지켜지는 것보다 지켜지지 않는 것으로 더 유명한 세 개의 델포이 경구가 새겨져 있다. '너 자신을 알라', '무엇이든 지나치지 않게', '절대 보증서지 말라') 주위로 세워진 성소의 주된 전시 장소로 올라가는 성도(聖道) 입구에 나란히 쌍벽을 이루는 기념물을 세워 시각적 경쟁을 펼쳤다. 엘레우시스 비의는 더 조화롭고 더 영적으로 종교적이었다. 참여자들은 미스타이(mystae, 용어사전 참조)라고 불렸는데, 아테나이 땅에 있었지만 그리스인은 물론 그리스어를 하는 비그리스인도 참여가 가능했다. 심지어 노예들도 참여할 수 있었다.

올림피아는 기원전 11~10세기에 지역색 강한 숭배지로 시작되었다. 테라코타 헌정물과 동물이나 사람, 올림피아의 신 제우스를 표현한 작은 청동상이 발견되었다. 올림피아가 지역색 강한 성소에서 더 큰 성소로 발돋움하는 데 도움을 준 것은 신탁 경당이었다. 이곳은 성소처럼 제우스에게 헌정되었는데 그의 별명 '올림피아'(마케도니아에 있으며 해발 3000미터가 넘는 그리스에서 가장 높은 산 올림포스에서 따온 것이다)를 따서 이름 붙여졌다. 그러나 올림피아에 전국적이며 국제적인, 나아가 전 지구적인 유명세를 안겨준 것은 전통적으로 기원전 776년에 개최되었다고 알려진 운동경기다. '운동경기'는

8. 올림피아 모형

그리스어 아고네스(agônes)를 반영한다. '운동경기의(athletic)'라는 영어는 '상(賞)'을 뜻하는 그리스어 아슬라(athla)에서 온 것이다. (나는 2008년 베이징 올림픽이 끝난 지 얼마 안 된 시점에 이 책을 쓰고 있는데 '패럴림픽'이 그리스인들에게 얼마나 놀라운 것이었을지 덧붙여야겠다. 그리스인들은 신체가 온전하지 못한 사람들을 경멸했다. 그보다는 조금 덜했겠지만 금, 은, 동메달의 존재도 그들에겐 놀라웠을 것이다.) 4만 명의 관중을 모았고 5일 동안 진행된 경기가 어떻게 이곳에서 열리게 되었는지는 핀다로스의 올림피아 찬가 첫번째 시의 첫 행을 보면 알 수 있다. "물이 최고다." 올림피아 지역은 알페이오스강과 클라데오스강이 만나는 곳에 있어서 그리스 남부에서는 물이 가장 흔한 곳이었다.

이미 언급했듯이 올림피아는 공식적으로 모든 그리스인들의 소유였다. 그러나 4년에 한 번 열리는 올림피아 경기를 주관하는 것은 근처에 위치한 중간 크기의 도시 엘리스였다. 이 도시는 5일간의 축제 전에 성스러운 대사를 보내 성스러운 휴전(에케케이리아ekekheiria)을 선포하는 것부터 마지막에 제우스에게 동물 희생제의를 드리는 것까지 담당했다. 따라서 엘리스 시민들이 헬라노디카이(Hellanodikai), 즉 '그리스인들의 심판'이라고 알려진 관리들을 자기네 중에서 직접 뽑았다. 다음은 기원전 500년경 엘리스에서 공표하고 올림피아 성소

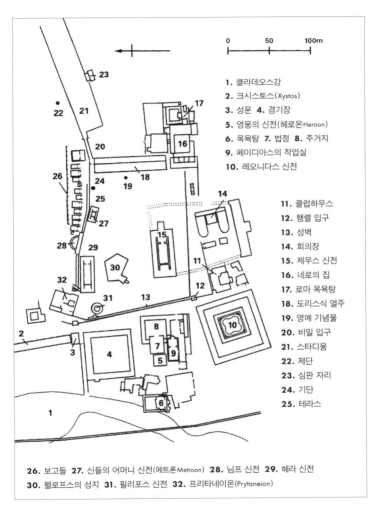

0　　50　　100m

1. 클라데오스강
2. 크시스토스(Xystos)
3. 성문　4. 경기장
5. 영웅의 신전(헤로온Heroon)
6. 목욕탕　7. 법정　8. 주거지
9. 페이디아스의 작업실
10. 레오니다스 신전

11. 클럽하우스
12. 행렬 입구
13. 성벽
14. 회의장
15. 제우스 신전
16. 네로의 집
17. 로마 목욕탕
18. 도리스식 열주
19. 영예 기념물
20. 비밀 입구
21. 스타디움
22. 제단
23. 심판 자리
24. 기단
25. 테라스

26. 보고들　27. 신들의 어머니 신전(메트론Metroon)　28. 님프 신전　29. 헤라 신전
30. 펠로프스의 성지　31. 필리포스 신전　32. 프리타네이온(Prytaneion)

9. 올림피아 지도

(Altis) 내의 청동 판에 새겨 전시한 법의 일부로, 몇몇 부류의 피의자들을 보호한다고 규정한다.

> 엘리스인들의 발표문(레트라rhêtra)……. 만약 누구든 그들(피의자들)을 고소하면 엘리스의 사건으로 기소될 것이다. 가장 높은 공직을 맡은 사람이나 왕(혹은 다른 관리들)이 벌금을 걷지 않으면, 이를 받아내지 못한 사람이 10미나(mina, 1/10탈란톤으로 꽤 큰 돈이었다)를 올림피아 제우스에게 낸다. 헬레노디카스(hellênodikas)와 다미오르고이(damiorgoi, 공직자단)는 다른 벌금을 걷는다……. 올림피아의 성스러운 서판.
> ― M. 딜런, L. 갈런드, 『고대 그리스: 상고기부터 소크라테스 사망까지의 사회적·역사적 문서』, 1994, p.307

여기서 우리는 완전히 고대 그리스적인 성과 속, 정치와 종교의 조화를 발견한다. 올림피아와 올림피아 경기는 이 기반 위에서 1000년 이상 지속되었다. 3세기에 쓰인 티아나의 아폴로니우스라는 1세기 그리스 철학자의 전기는 40일 이상 지속된 올림피아의 재판에 관한 일화로 끝난다. 이때 다양한 연령의 엘리트들이 엘리스와 스파르테, 코린토스, 메가라, 보이오티아를 비롯해 포키스와 테살리아처럼 먼 곳에서도 그를 찾아왔다고 한다. 이교도 신들은 아직 죽지 않았었나보다. 그러나 395년 정교 비잔티온의 황제 테오도시우스 1세는 모든 '이교도' 축제를 영원히 폐지시켰다. 이교도 문화가 전부 폐지된 것은 아니었지만, 올림피아 경기는 이때 폐지되었다.

포키스의 델포이 성소는 제우스의 많은 아들 중 한 명인 아폴론에게 바쳐진 것이었으며, 신탁에 있어 그리스 세계 전체에서 제일가는 곳이었다. 신탁의 경쟁을 보여주는 좋은 예로서는 기원전 388년 스파르테 왕의 경우를 들 수 있다. 그는 올림피아의 제우스 신탁에서 자신이 원하는 답을 얻고 델포이의 아폴론에게 '그대의 아버지와 의견이 같은지' 물었다. 이는 전능한 아폴론조차도 피할 수 없는 제안이었다! 델포이는 '자궁'을 뜻하며, 그리스인들에게는 전 세계(cosmos)의 배꼽(omphalos)이었다. 신화에 따르면 델포이는 제우스가 풀어준 두 마리의 독수리가 지구를 서로 반대로 돌아 만난 바로 그 지점으로 결정되었던 것이다.

그러나 올림피아의 경우와 같이 이곳의 범헬레네스 성소로서의 기원은 그리스 암흑기(기원전 11세기에서 9세기)의 안개 속에 가려져 있다. 다만 델포이가 기원전 8세기에 눈부시게 부상할 수 있었던 한 가지 확실한 요소는 해외 식민시 건설에 있어 이 도시가 차지했던 중요한 역할 때문이었다. 적어도 기원전 730년에는 시킬리아에 새로운 해외 식민시를 건설하는 데 있어 델포이 아폴론의 공식적 사전 승인은 필수적이었

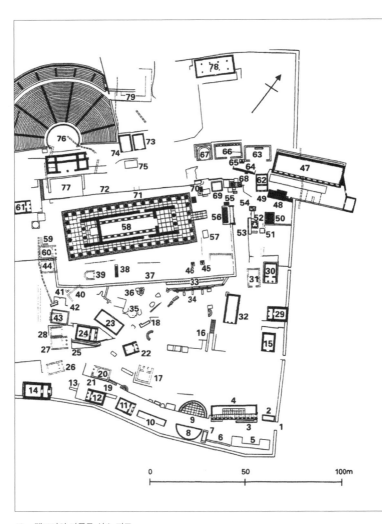

10. 델포이의 아폴론 성소 지도

1. 입구 2. 코르키라의 황소 기단
3. 아르카디아인들의 기단
4. 스토아 5. 장군들의 기념비
6. 밀티아데스 기념비 터
7. 아르고스인들의 트로이 목마 기단
8. 7인의 장군과 에피고네스
   (Epigones)의 기단
9. 아르고스 왕들의 기념비
10. 타렌툼인들의 기단
11. 시키온(Sicyon)인들의 보고
12. 시프노스(Siphnos)인들의 보고
13. 리파라이(Liparae)인들의 기단
14. 테바이인들의 보고
15. 보고 16. 계단 17. 보고
18. 보이오티아인들의 기단
19. 아이톨리아인들의 기단
20~21. 메가라인들의 보고와 테라스
22. 크니도스(Cnidos)인들의 보고
23. 의회 24. 아테나이인들의 보고
25. 마라톤의 기단
26. '보이오티아인들'의 보고
27. 보고 28. 보고
29. 키레네(Cyrene)인들의 보고
30. '브라시다스(Brasidas)와 아칸토스
    (Acanthos)인들'의 보고
31. 보고 32. 코린토스인들의 보고
33. 아테나이인들의 스토아
34. 할로스(Halos) 35. 시빌레의 바위
36. 낙소스인들의 기둥과 스핑크스
37. 다각형 바위로 지은 성벽
38. '뮤즈'의 샘 39. '가이아(Ge)의 경당'

40~41. 오이코이(Oikoi)
42. 아스클레피오스(Asclepius) 신전의 샘
43. 아스클레피오스 신전 아래의 보고
44. 보고 45. 메세네 기둥 터(대략적)
46. 검은 석회암 기둥 터(추측)
47. 아탈로스(Attalus)의 스토아
48. 에우메네스 2세의 기둥
49. 아탈로스 1세의 기둥
50. 헬리오스의 전차 51. 뱀 기둥
52. 크로톤의 기단 53. 타렌툼인들의 기단
54. 살라미스의 아폴론 자리
55. 에우메네스 2세의 아이톨리스(Aetolis) 기둥
56. 아폴론 제단
57. 아이밀리오스 파울로스(Aemilius Paulus) 기둥
58. 아폴론 신전 59. 오이코스(Oikos)
60. 보고 61. 보고 62. 보고
63. 성소와 미완의 기단
64. 코르키라의 기단
65. 아칸서스 모양의 기둥 기단
66. 다오코스(Daochus)의 기단
67. 반원 기단
68. 겔론과 히에론의 삼발 화로
69. '아폴론 시탈카스(Apollo Sitalcas)'의 기단
70. 프루시아스(Prusias)의 기둥
71. 수도로 사용된 벽감
72. 이스케가온(Ischegaon)
73. 극장의 보고 74. 극장의 보고
75. 오이코스 76. 극장
77. 크라테로스(Craterus)의 벽감
78. 크니도스인들의 만남 장소(Ieschê)
79. 알 수 없는 기념비

던 것이다. 그의 공동(모든 그리스 정착민들의) 성소는 시킬리아의 낙소스에 위치했다. 그리고 한 세기 이후인 기원전 630년대에 아폴론은 자신의 탁월함에 확신을 가지고 메마른 키클라데스의 섬 테라(오늘날의 산토리니)에서 신탁을 물으러 온 사람들에게 자신이 정하는 지점(키레네, 오늘날의 리비아)에 도시를 건설하라는 신탁을 내릴 수 있었다. 그는 자신이 그곳에 이미 가보았기 때문에(그래서 그는 '반사적으로', 다시 말해 누구에게 물어보지 않고 바로 대답하였다) 알고 있다고(의뢰인은 모르는 지역이었다) 말하였다.

델포이 역시 올림피아와 마찬가지로 4년에 한 번 열리는 범헬레네스 경기(올림피아보다 늦은 기원전 582년에 창설)가 개최되는 곳이었다. 이 행사에서는 음악과 시 경연, 운동경기와 기마경기들이 열렸다. 암픽티오니아(Amphictiony)라고 알려진 영구적으로 구성된 특별 위원들이 경기를 관리했다. 이들은 그리스 내의 문화적·지리적 주요 지역 대표들로 골고루 구성되었으나 테살리아 지역에 다소 편중된 경향을 보였다. 기원전 480년 성소는 페르시아인들에게 위협당하고 (아마도) 신성성이 파괴되었을 것이다. 그러나 델포이 사제들은 아폴론은 공격당하지 않았다고 굳건히 주장했다. 그들은 또한 (믿기 어렵지만) 자신들이 바르바로이 공격에 대항하여 강건한 헬레네스의 태도로 굽히지 않고 맞섰다고 주장했다.

하지만 '헬레네스'(페르시아에 대항해 싸운 그리스 동맹국들은 스스로 이렇게 불렀다)가 기원전 480~479년 그리스-페르시아 전쟁의 승리를 기념하여 승전비를 세울 자리로 선택한 곳은 올림피아가 아니라 델포이였다. 델포이 성소가 그리스 도시국가 간의 끊임없는 전쟁 장소가 되었음에도 불구하고 이런 선택을 한 것은, 도시국가들이 과거에 아폴론의 지지를 받았음을 알리고 미래에도 도움을 받을 것이라는 기대로 전리품을 전시하곤 했던 곳이기 때문이다. 올림피아 역시 페르시아에 대한 승리를 기념했지만 네메아(역시 범헬레네스 경기가 열린 제우스 성소를 관리했다)는 그러지 않았다. 아마도 전쟁에서 '중립'이었던 이웃 아르고스와의 좋은 관계 유지를 더 중요하게 생각했기 때문일 것이다.

승전비는 석조 기단에 약 6미터 높이의 청동 기둥을 세우고 그 위에 금으로 된 삼발 솥을 얹은 모양이었다. 배배 꼬인 기둥 위에 뱀 머리가 있는 형상이었는데 이 모양 때문에 승전비 이름은 '뱀 기둥'이 되었다. 기둥의 꼬인 부분에는 델포이 방언의 그리스 알파벳으로 '이들이 전쟁에서 싸웠다'는 문구와 함께 이름들이 새겨져 있었다. 페르시아에 대항해 싸우기로 합의한 단 31개(그리스 본토와 에게해에만 700여 개의 폴리스가 있었는데도 말이다!)의 도시국가와 지역연합이었다. 우리는 '그리스인들'이 모두 '페르시아인들'에 대항해 싸운 것처럼 말하지만, 사실 더 많은 그리스인들이 페르시아 편에서 싸웠다.

명단은 세 그룹으로 나뉘었고 각각 '라케다이몬인 (Laceaemonians, 스파르테인)', '아테나이인', '코린토스인'이라 는 제목이 붙여져 있다. 31개 중 29개가 폴리스였고, 역사 속 의 도시인 미케나이(당시에는 아직 존재했지만 10년이 조금 더 지 나면 아르고스에 패망할 것이었다)도 포함되어 있었다. 스파르 테, 코린토스, 미케나이 외에 10개 도시국가가 펠로폰네소스 반도에 있었고 아테나이 외에 7개가 그리스 중부, 코린토스 지협 북쪽에 위치했다. 폴리스가 아닌 2개의 연합은 말리아인 (아이러니하게도 말리아인 에피알테스Ephialtes는 돈 때문에 테르모 필라이 전투에서 그리스인들을 배반하고 크세르크세스 편에 섰으 며, 그래서 그의 이름은 오늘날 그리스어로 '악몽'을 뜻하게 되었다) 들의 에트노스(ethnos, 민족)와 아티카 동쪽 해안에서 멀리 떨 어지지 않은 케오스섬의 네 폴리스 연합체인 케오스인들이었 다. 아이기나(사로니코스만), 테노스, 낙소스, 키트노스, 시프노 스(키클라데스제도), 에레트리아, 칼키스, 스티리아(에우보이아) 는 섬 도시국가들이었다. 놀라운 것은 이 짧은 명단마저도 선 택적이었다는 점이다 — 이 명단에는 크로톤('마그나 그라키아' 즉 이탈리아 남부에 있다), 팔레(케팔레니아Cephallenia), 세리포스 (키클라데스제도), 오푼티아의 (동東) 로크리아인(Locria, 말리아 인들처럼 그리스 중부의 에트노스다) 등이 빠져 있다. 그러나 이

11. 비잔티온의 경마장(히포드로모스)의 뱀 기둥. '뱀 기둥'(금 솥을 바치고 있는 머리 세 개 달린 뱀을 표현한 청동 기둥)은 원래 기원전 479년 페르시아에 대한 그리스의 승리를 기념하기 위해 델포이에 세워졌지만 8세기 후 콘스탄티노폴리스의 히포드로모스로 옮겨졌다.

러한 선택은 협조적인 만큼 경쟁이 심했던 범헬레네스의 경향이었다.

솥은 기원전 350년 델포이가 있던 포키스 지방의 그리스인들이 녹여버렸다. 포키스인들은 마케도니아의 필리포스 2세와 델포이를 두고 큰 전쟁(아이러니하게도 '성전聖戰'이라고 부른다)을 벌이고 있었기에 외국인(다른 그리스인) 용병에게 지불할 값비싼 금속이 필요했던 것이다. 그러나 모두 없어진 것은 아니었다. 뱀 기둥의 석조 기단 일부가 아직도 델포이에 남아 있다. 뱀 모양의 청동 기둥은 오늘날 이스탄불, 즉 고대 콘스탄티노폴리스의 히포드로모스(경마장)에 있다(도판 11). 이 기둥이 어떻게 거기까지 갔는지는 또 한 권의 책을 쓸 만큼 긴 이야기다. 그러나 고대 그리스인들의 도시국가 문명에 대한 짧은 연구를 마무리하면서 알 수 있는 점이라면 모든 길은 (새로운) 로마로 통한다는 것이다—그리고 거기에서 터키 오토만 제국으로부터의 독립 전쟁을 거쳐 새로운 그리스로 통한다는 것이다.

독서안내

이 부분은 특별히 엄선하였다. 맨 처음 '개관'만 제외하고는 영어로 쓰였고 쉽게 구할 수 있는 책 혹은 논문 한두 가지만 언급하였다. 한 걸음 더 나아간 참고문헌은 이 책에 언급된 문헌들에서 찾아볼 수 있을 것이다. 특히 내 저서 *Cambridge Illustrated History of Ancient Greece*의 독서안내가 유용할 것이다.

캐슬린 프리먼(Kathleen Freeman)의 *Greek City-States*에는 특별히 덧붙일 말이 있다. 이 책의 초판은 이제는 없어진 지 오래된 출판사 Macdonald & Co.에서 1950년에 나왔다. 본서 집필 사전조사를 마친 후 뉴욕(나는 뉴욕대학교의 민주주의 이론과 역사 학부에서 Hellenic Parliament Global Distinguished Professor로 있다) 브로드웨이의 유명한 스트랜드 서점에서 이 책을 중고로 마주쳤다. 아니, 다시금 마주쳤다고 하는 것이 맞겠다. 왜냐하면 한눈에 알아봤듯이 이 책은 1965년 내가 샌타바버라의 캘리포니아대학교에 다닐 때 스틸리아노스 스피리다키스(Stylianos Spyridakis, 현재는 캘리포니아대학교 데이비스 분교에 재직중이다) 교수의 고대 그리스사 수업 교과서였기 때문이다.

프리먼은 이 책의 서두를 막스 캐리(Max Cary)의 *The Geographic Background of Greek and Roman History*에서 인용한다. "역사에서 지리적 요인은 중요한 역할을 한다. 그러나 그보다 중요한 것은 인물이다." 내 생각에 이 말은 맞을 수도 있고 틀릴 수도 있다. 하지만 프리먼이 서문에서 이야기하고 싶었던 것, 즉 "그리스 세계를 제대로 이해하고 싶다면 아테나이와 스파르테만이 아니라 에게해의 여러 섬들과 시킬리아, 이탈리아, 소아시아의 그리스 도시들, 그리스 본토의 다른 도시들에 관해서도 알아야 한다"는 말에는 공감한다. 그녀가 책을 개별적인 도시 연구 형태로 엮은 결정 또한 이해한다. 프리먼의 책은 분량이 본서의 두 배 정도지만 아홉 개의 도시(투리Thurii, 아크라가스Acragas, 코린토스, 밀레토스, 키레네, 세리포스, 압데라, 마살리아, 비잔티온)만 다루었다. 본서와는 단지 세 곳만 겹친다(5, 6, 12장). 나는 아테나이와 스파르테를 제외시킬 용기는 없었다. 더욱이 지난 60여 년간의 연구(특히 코펜하겐 폴리스 센터가 큰 역할을 했다)는 그녀의 연구를 시대에 뒤처진 것으로 만들어버렸다. 당시에도 완벽하다거나 그야말로 설득력 있는 연구였다고 할 순 없었지만 말이다. 그럼에도 불구하고 선대 연구자에게 경의를 표하는 것은 즐거운 일이다. 40년 전 나에게 무의식적인 영감을 준 책이기도 하다.

1. 개관

총류

Barringtom Atlas of the Greek and Roman World, ed. R. Talbert (Princeton University Press, 2000. 시디롬 버전도 있음).

The Cambridge Dictionary of Greek Civilization, ed. G. Shipley et al. (Cambridge University Press, 2006).

C. Mee and A. Spawforth, *Greece* (Oxford Archaeological Guides, 2001).

Oxford Classical Dictionary, 3rd edn. ed. S. Hornblower and A. Spawforth (Oxford University Press, 1996).

Oxford Dictionary of the Classical World, John Roberts (Oxford University Press, 2007) 〔*OCD*의 요약본〕.

Princeton Encyclopedia of Classical Sites, ed. R. Stillwell (Princeton University Press, 1976).

1) 1차 사료

번역된 사료

M. Austin, *The Hellenistic World from Alexander to the Roman Conquest*, 2nd edn. (Cambridge University Press, 2006).

S. Burstein, *The Hellenistic Age from the Battle of Ipsos to the Death of Kleopatra VII* (Cambridge University Press, 1985).

M. Crawford and D.Whitehead, *Archaic and Classical Greece: A Selection of Ancient Sources in Translation* (Cambridge University Press, 1983).

M. Dillon and L. Garland, *Ancient Greece: Social and Historical Documents from Archaic Times to the Death of Socrates* (Routledge, 1994).

C. W. Fornara, *Archaic Times to the End of the Peloponnesian War*, 2nd edn. (Cambridge University Press, 1983).

P. Harding, *From the End of the Peloponnesian War to the Battle of Ipsus* (Cambridge University Press, 1985).

P. Rhodes, *The Greek City States: A Sourcebook*, 2nd edn. (Cambridge University Press, 2007).

고고학, 언어

S. E. Alcock and R. Osborne (eds.), *Classical Archaeology* (Blackwell, 2007).

A.-Ph. Christidis (ed.), *A History of Ancient Greek: From the Beginnings to Late Antiquity* (Cambridge University Press, 2007).

2) 2차 사료

단권 개설서

J. Boardman, J. Griffin, and O. Murray (eds.), *The Oxford History of the Classical World* (Oxford University Press, 1986).

R. Browning (ed.), *The Greek World: Classical, Byzantine and Modern* (Thames & Hudson, 1985).

P. Cartledge (ed.), *The Cambridge Illustrated History of Ancient Greece*, rev. edn. (Cambridge University Press, 2002).

C. Freeman, *Egypt, Greece and Rome: Civilizations of the Ancient Mediterranean*, 2nd edn. (Oxford University Press, 2004), 특히 8~19장.

C. Higgins, *It's All Greek To Me: From Homer to the Hippocratic Oath: How Ancient Greece Has Shaped our World* (Short Books, 2008).

P. Levi, *Atlas of the Greek World* (Phaidon, 1980).

역사기록학

M. Crawford (ed.), Sources for Ancient History (Cambridge University

Press, 1983).

C. Fornara, *The Nature of History in Ancient Greece and Rome* (University of California Press, 1983).

J. Marincola (ed.), *A Companion to Greek and Roman Historiography*, 2 vols. (Blackwell, 2007).

2. 시대별

선사시대, 개관

O. Dickinson, *The Aegean Bronze Age* (Cambridge University Press, 1994).

C. Renfrew, *The Emergence of Civilisation: The Cyclades and the Aegean in the Third Millennium B.C.* (Cambridge University Press, 1972).

원역사, 기원전 500년까지의 초기 역사

J. Boardman, *The Greeks Overseas: Their Early Colonies and Trade*, 4th edn. (Thames & Hudson, 1999).

A. R. Burn, *The Lyric Age of Greece* (Methuen, 1960; rev. edn. 1978).

O. Dickinson, *The Aegean from Bronze Age to Iron Age* (Routledge, 2006).

3. 상고기부터 헬레니즘기까지를 다룬 단행본

Fontana (Glasgow) series (Oswyn Murray, ed.)

O. Murray, *Early Greece*, 2nd edn. (1993).

J. K. Davies, *Democracy and Classical Greece*, 2nd edn. (1993).

F. W. Walbank, *Hellenistic Greece*, 2nd edn. (1992).

Methuen/Routledge (London) series (Fergus Millar, ed.)

R. Osborne, *Greece in the Making, 1200-480 BC*, 2nd edn. (2009).

S. Hornblower, *The Greek World, 479-323 BC*, 4th edn. (2011).

G. Shipley, *The Greek World after Alexander, 323-30 BC* (2000).

B. Blackwell (Oxford) series

J. Hall, *A History of the Archaic Greek World, ca. 1200-479 BC* (2007).

P. Rhodes, *A History of the Classical Greek World 478-323 BC*, 2nd edn. (2010).

R. Malcolm Errington, *A History of the Hellenistic World 323-30 BC* (2008).

E. Benn (London) series

V. Desborough, *The Greek Dark Ages* (1972).

N. Coldstream, *Geometric Greece* (1977; rev. edn. Routledge, 2004).

L. H. Jeffery, *Archaic Greece: The City States 700-500 BC* (1976).

4. 도시별

1장 서론

M. H. Hansen, *Polis: An Introduction to the Ancient Greek City-State* (Oxford University Press, 2006).

M. H. Hansen and T. H. Nielsen (eds.), *An Inventory of Archaic and Classical Poleis* (Oxford University Press, 2004).

2장 크노소스

A. Brown, *Arthur Evans and the Palace of Minos* (Ashmolean Museum, Oxford, 1993).

G. Cadogan, E. Hatzaki, and A. Vasilakis (eds.), *Knossos: Palace, City, State* (BSA Studies 12, 2004).

J. Chadwick, *The Decipherment of Linear B* (Cambridge University Press, 1958; rev. edn. 1990).

L. Fitton, *The Minoans* (British Museum Press, 2002).

H. Morales, *Classical Mythology: A Very Short Introduction* (Oxford University Press, 2007).

http://www.channel4.com/history/microsites/H/history/i-m/minoans01.html

참고: 아테네 영국학교는 크노소스의 층위학 박물관을 운영하며 그리스 헤라클레이온 박물관을 보완하고 있다.

3장 미케나이

J. Chadwick, *The Decipherment of Linear B* (Cambridge University Press, 1958; rev. edn. 1990).

J. Chadwick, *The Mycenaean World* (Cambridge University Press, 1976).

C. Gere, *The Tomb of Agamemnon: Mycenae and the Search for a Hero* (Profile Books, 2006).

M. Ventris and J. Chadwick, *Documents in Mycenaean Greek* (Cambridge University Press, 1956; rev. edn. 1973).

참고: 미케나이 발굴은 1870년대 하인리히 슐리만의 아마추어 발굴이 시작된 뒤로 영국학교와 그리스 고고학자들이 공동으로 진행했다.

4장 아르고스

R. A. Tomlinson, *Argos and the Argolid* (Routledge, 1972).

참고: 아테네 프랑스고고학학교의 발굴 결과는 *Bulletin de Correspondance Hellénique*에 발표된다.

5장 밀레토스

E. Akurgal, *Ancient Civilizations and Ruins of Turkey: From Prehistoric Times until the End of the Roman Empire*, 3rd edn. (Mobil Oil Turk, Istanbul, 1973).

K. Freeman, *Greek City-States* (Macdonald, 1950), 127–79.

A. M. Greaves, *Miletos: A History* (Routledge, 2002).

6장 마살리아

M. Clavel-Leveque, *Marseille Grecque: La Dynamique d'un imperialisme marchand* (Jeanne Laffitte, Marseille, 1977).

K. Freeman, *Greek City-States* (Macdonald, 1950), 233–49.

A. Hermary, 'The Greeks in Marseilles and the Western Mediterranean', in V. Karageorghis (ed.), *The Greeks Beyond the Aegean: From Marseilles to Bactria* (A. G. Leventis Foundation, Nicosia, 2004), 59–77.

B. B. Shefton, 'Massalia and Colonization in the North-Western Mediterranean', in G. R. Tsetskhladze and F. De Angelis (eds.), *The Archaeology of Greek Colonisation: Essays Dedicated to Sir John Boardman* (Oxbow Books, 1994).

7장 스파르테

P. Cartledge, *The Spartans: An Epic History*, 2nd edn. (Pan Macmillan & Vintage, 2003).

P. Cartledge, *Sparta and Lakonia: A Regional History 1300-362 BC*, new edn. (Routledge, 2002).

P. Cartledge and A. Spawforth, *Hellenistic and Roman Sparta: A Tale of Two Cities*, rev. edn. (Routledge, 2002).

R. M. Dawkins (ed.), *Artemis Orthia* (*Journal of Hellenic Studies*, Supp. V, 1929).

참고: 최근 아테네 영국학교는 스파르타에 거점을 둔 그리스 선사시대 및 고전기 유물감독관과 연계하여 스파르테 아크로폴리스 발굴을 재개했다. 이곳의 발굴은 1906년에 시작된 바 있다. 결과는 주로 *Annual of the British School at Athens*와 그 증보판에 발표된다.

8장 아테나이

J. M. Camp II (ed.), *The Athenian Agora: A Guide to the Excavation and the Museum*, 4th edn. (American School of Classical Studies, Athens, 1990).

J. M. Camp II, *The Athenian Agora: Excavations in the Heart of Classical Athens* (Thames & Hudson, 1986. rev. repr.).

J. M. Camp II, *The Archaeology of Athens* (Yale University Press, 2004).

J. M. Hurwit, *The Athenian Acropolis: History, Mythology and Archaeology from the Neolithic Era to the Present* (Cambridge University Press, 1999).

L. Parlama and N. Ch. Stampolidis (eds.), *The City Beneath the City: Antiquities from the Metropolitan Railway Excavations* (Catalogue, exhibition at N. P. Goulandris Foundation Museum for Cycladic Art, Athens, 2000).

참고: 그리스 연구자들의 아테나이 발굴은 공식적으로 (1837년 창설된) 그리스 고고학회의 주관하에 시작되었다. 학회는 여전히 활발하게 발굴을 진행하고 있으나, 이제 아테나이와 아티카 고고학 프로젝트들은 대부분 문화부 산하 부서인 그리스 고고학과(Greek Archaeological Service)가 주관한다. 미국 고전학연구소(American School of Classical Studies)는 1931년부터 아고라 발굴을 진행하고 있으며 단행본 시리즈와 '아고라 픽처북스'라는 독자 친화적 시리즈를 출간한다.

9장 시라쿠사이

K. J. Dover, *The Greeks* (Oxford University Press, 1980).

M. I. Finley, *Ancient Sicily to the Arab Conquest*, 2nd edn. (Chatto & Windus, 1979).

B. Daix Wescoat (ed.), *Syracuse, the Fairest Greek City: Ancient Art from the Museo Archeologico Regionale 'Paolo Orsi'* (University of Pennsylvania Press, 1995).

R. Wilson, *Sicily under the Roman Empire* (Aris & Phillips, 1990).

10장 테바이

V. Aravantinos, *The Archaeological Museum of Thebes* (John S. Latsis Foundation, 2011).

J. Buckler, *The Theban Hegemony, 371-362 B.C.* (Harvard University Press, 1980).

K. Demakopoulou and D. Konsola, *Archaeological Museum of Thebes* (Athens, 1981).

11장 알렉산드리아

J.-Y. Empereur, *Alexandria: Past, Present and Future* (French original 2001; Thames & Hudson, 2002).

M. Haag, *Alexandria: City of Memory* (Yale University Press, 2004).

P. Leriche, 'The Greeks in the Orient: From Syria to Bactria', in V. Karageorghis (ed.), *The Greeks Beyond the Aegean: From Marseilles to Bactria* (A. G. Leventis Foundation, Nicosia, 2004), 78-128.

J. McKenzie, *The Architecture of Alexandria and Egypt 300 BC-AD 700* (Yale University Press, 2007).

J. Pollard and H. Reid, *The Rise and Fall of Alexandria: Birthplace of the Modern World* (Viking Penguin, 2006; Penguin Books, 2007).

12장 비잔티온

E. Akurgal, *Ancient Civilizations and Ruins of Turkey: From Prehistoric Times until the End of the Roman Empire*, 3rd edn. (Mobil Oil Turk, Istanbul, 1973).

K. Freeman, *Greek City-States* (Macdonald, 1950), 251-62.

부록: 범헬레네스 성소

올림피아

M. I. Finley and H.W. Pleket, *The Olympic Games: The First Thousand Years* (Chatto & Windus, 1976).

J. J. Herrmann, Jr. and C. Kondoleon, *Games for the Gods: The Greek Athlete and the Olympic Spirit* (Museum of Fine Arts, Boston, 2004).

T. Measham, E. Spathari, and P. Donnelly, *1000 Years of the Olympic Games: Treasures of Ancient Greece* (Hellenic Ministry of Culture, Athens, & Powerhouse Museum, Sydney, 2000).

J. Swaddling, *The Ancient Olympic Games*, new edn. (British Museum, 1999. repr.).

참고: 아테네 독일고고학연구재단(DAI)은 1876년부터 올림피아를 발굴하고 있으며 *Olympia-Bericht*와 *Olympische Forschungen*이라는 두 학술지를 출간한다. 1972년 뮌헨 올림픽에 즈음하여 연구 성과물을 출간했다. *100 Jahre deutsche Ausgrabung in Olympia*, ed. B. Fellmann and H. Scheyhing (Prestel-Verlag, Munich).

델포이

B. Chr. Petracos, *Delphi* (Hesperos, Athens, 1971).

위키피디아 'Delphi' 항목.

참고: 아테네 프랑스고고학학교는 1893년부터 델포이를 발굴했으며 *Études Delphiques*라는 학술지와 그 증보판을 출간한다.

연표

(기원전 508/7년까지의 모든 연대는 대략적이거나 관례적인 것임)

기원전

청동기시대

3000년(1000년까지)	미노스(크레테) 문명
1600년(1150년까지)	미케나이 시대
1400년	크노소스 붕괴
1250년	트로이 붕괴

초기 철기시대

1100년(700년까지)	이주 시대(도리스인 이주, 소아시아 정착, 그리스 서부 식민시 건설 시작)

상고기

776년	올림피아 경기 창설
750년	그리스 알파벳 발명, 에우보이아인들의 이스키아와 쿠마이 정착
735~715년	스파르테의 메세니아 정복
733년	시라쿠사이 건설
700년	호메로스, 헤시오도스
700년	중장보병 도입

688/657년	비잔티온 건설
669년	히시아이 전투: 아르고스가 스파르테에 승리
620년	아테나이의 드라콘 법령
600년	마살리아 건설, 밀레토스의 탈레스, 3단노선 개발, 주화 발명
594년	아테나이의 솔론 법령
550년	페르시아의 아카메네스 왕조 개창
546년	페르시아의 키루스 2세(대왕)가 리디아의 크로이소스 격퇴
545년(510년까지)	아테나이의 페이시스트라토스와 아들 히피아스의 참주정
508/7년	아테나이의 클레이스테네스가 민주정 도입
505년	스파르테가 펠로폰네소스 동맹 결성

고전기

499년(494년까지)	이오니아 반란: 이오니아계 그리스인들과 다른 그리스·비그리스 피지배민들의 페르시아에 대한 반란
490년	마라톤 전투: 아테나이인들과 플라타이아인들이 페르시아 침공을 격퇴
480년(479년까지)	제2차 페르시아 침공, 크세르크세스 패배: 살라미스 480년, 플라타이아 479년

480년	히메라 전투: 겔론이 이끄는 시킬리아 그리스인들이 카르타고인들을 격퇴
478년(404년까지)	아테나이가 반(反)페르시아 델로스 동맹 결성
474년	시라쿠사이의 히에론 1세가 쿠마이의 에트루리아인들을 격퇴
466년	시라쿠사이의 참주정 종결과 민주정 시작
462년	아테나이의 민주정 개혁: 에피알테스와 페리클레스
460년(446년까지)	제1차 펠로폰네소스 전쟁: 스파르테 동맹 대(對) 아테나이 동맹
449년	칼리아스의 평화조약(아테나이와 페르시아 사이. 실제 여부는 논란 있음)
447년	테바이의 아테나이 격퇴와 과두주의 연방 결성, 파르테논 신전 건축 시작(432년 완공)
446년	스파르테와 아테나이 간의 30년 평화조약(431년 깨짐)
431년(404년까지, 때때로 휴전)	아테나이-펠로폰네소스 전쟁
421년(414년까지)	니키아스의 평화조약
418년	만티네아 전투: 스파르테의 승리
415년(413년까지)	아테나이의 시킬리아 원정: 시라쿠사이의 승리
405년	디오니시오스 1세 시라쿠사이 참주가 됨

404년	스파르테가 페르시아의 도움으로 아테나이-펠로폰네소스 전쟁에 승리
404년(371년까지)	스파르테의 헤게모니
401년(400년까지)	'10000'의 아시아 원정
395년(386년까지)	코린토스 전쟁: 스파르테가 4자 동맹(아테나이, 보이오티아, 아르고스, 코린토스) 격퇴
386년	왕의 평화조약: 페르시아의 아르타크세르크세스 2세와 스파르테의 아게실라오스 2세
385년	플라톤이 아카데미아 설립
378년(338년까지)	아테나이가 제2차 반스파르테 해상연맹 결성. 테바이가 초기 회원
371년	레욱트라 전투: 테바이가 스파르테 격퇴, 그리스 본토의 맹주로 떠오름(362년까지)
367년	시라쿠사이의 디오니시오스 1세 사망
366년	스파르테의 펠로폰네소스 연맹 해체
362년	만티네아에서 두번째 전투: 테바이 승리, 에파미논다스 사망, 평화 회복
359년	마케도니아의 필리포스 2세 즉위
356년(346년까지)	제3차 성전: 포키스 대(對) 필리포스
346년	필로크라테스의 평화조약
338년	카이로네이아 전투, 코린토스 연맹 결성
336년	필리포스 2세 암살, 알렉산드로스 즉위

336~323년	알렉산드로스의 치세
335년	알렉산드로스가 테바이 파괴를 명령, 아테나 이에서 아리스토텔레스가 리케이온 설립, 시 라쿠사이에서 티몰레온 사망
334년	알렉산드로스의 페르시아 제국 침공
331년	이집트에서 알렉산드리아 건설, 가우가멜라 전투
330년	페르시아의 아카메네스 왕조 멸망
323년(322년까지)	마케도니아에 대한 그리스인들의 반란 실패
322년	데모스테네스와 아리스토텔레스 사망, 아테나 이·민주정의 몰락

헬레니즘기

301년	입소스(Ipsus) 전투, 그리스 안티고노스 왕조의 창시자 안티고노스 사망
300년	제논의 스토아학파 창설
283년	이집트 프톨레마이오스 왕조의 창시자이자 새 로운 수도 알렉산드리아에 박물관과 도서관을 세운 프톨레마이오스 1세 사망
281년	아시아 셀레우코스 왕조의 창시자 셀레우코스 1세 살해당함, 아카이아 연맹 재결성
263년	에우메네스 1세가 필레타이로스를 계승하여

	페르가몬 왕국 승계
244년(241년까지)	스파르테, 아기스 4세
238년(227년까지)	페르가몬의 아탈로스 1세가 소아시아 정복전쟁에 나섬
235년(222년까지)	스파르테, 클레오메네스 3세
224년(222년까지)	안티고노스 3세가 펠로폰네소스 침공, 헬레네스 연맹 결성
223년(187년까지)	안티오코스 3세가 셀레우코스 3세를 계승
222년	셀라시아 전투: 안티고노스 3세가 스파르테 격퇴
221년(179년까지)	필리포스 5세가 안티고노스 3세를 계승
215년	필리포스 5세가 카르타고의 한니발과 동맹
211년	아이톨리아와 로마의 동맹: 제1차 마케도니아 전쟁(205년까지), 로마의 시라쿠사이 정복
200년(197년까지)	제2차 마케도니아 전쟁
196년	로마가 그리스의 '자유' 선포
194년	로마가 그리스를 버림
192년(188년까지)	로마가 시리아의 안티오코스 3세에 대항하여 전쟁
171년(168년까지)	제3차 마케도니아 전쟁
168년	피드나(Pydna) 전투, 안티고노스 왕조 멸망
148년	마케도니아가 로마의 속주가 됨
147년(146년까지)	아카이아(연맹)이 로마에 대항하여 부상

로마 공화정 후기

146년	코린토스 정복, 아카이아가 로마령이 됨
133년	페르가몬의 아탈로스 3세가 로마에 왕국을 넘겨줌(아시아 속주가 됨)
86년	로마의 장군 술라가 아테나이 정복
31년	악티움 전투: 옥타비아누스가 클레오파트라와 안토니우스 격퇴

로마 제국 초기

27년(14년까지)	옥타비아누스/아우구스투스가 로마 최초의 황제로 즉위

서기

66~7년	네로 황제의 그리스 여행, 올림피아 경기 '우승'
117~38년	하드리아누스 황제
267년	헤룰리가 아테나이와 스파르테 정복

비잔티움기

324년	콘스탄티누스대제의 콘스탄티노폴리스 건설 (11월 8일 비잔티온 재건)
330년	콘스탄티노폴리스의 성화(5월 11일)
395년	테오도시우스 1세의 비기독교 종교활동 금지, 올림피아 경기 폐지

529년	유스티니아누스 황제(527~65년)의 그리스철학 학교 폐지 명령
1453년	오토만 제국의 술탄 '정복자' 메흐메트 2세가 콘스탄티노폴리스 정복

현대

1952년	'선형문자 B'가 그리스어의 가장 오래된 형태로 인정받음
2004년	M. H. 한센과 T. H. 닐슨, *An Unventory of Archaic and Classical Poleis* (코펜하겐 폴리스 프로젝트) 출간

인명사전

(따로 언급하지 않는 한, 연대는 기원전을 가리킴)

겔론 485~478년에 시라쿠사이의 참주였으며 480년 히메라에서 카르타고의 침입을 격퇴했다. 이 전투는 살라미스 전투와 같은 날 치러졌다고 한다.

고르기아스 483~375년경, 시킬리아의 레온티니 출신. '고대 소피스트' 4인 중 한 명으로 427년 아테나이 의회에서 활동했으며 영향력 있는 선생이자 수사학의 주창자였다.

니키아스 470~413년경, 아테나이의 정치가이자 장군으로 매우 부유했으며 노예를 소유했다. 시킬리아 원정에 반대했으나 알키비아데스의 주장으로 전쟁이 시작되고 패배한 뒤 살해당했다.

다리우스 1세 520~486년경, 페르시아의 대왕이자 아카메네스 제국의 두번째 창건자. 499~494년 이오니아 반란을 진압했으나 490년 마라톤에서 패배했다.

데모스테네스 384~322년, 아테나이의 정치가이자 천재적인 법정 웅변가. 마케도니아의 필리포스와 알렉산드로스에 대항하여 아테나이를 비롯한 그리스군을 이끌었지만 성공하지는 못했다.

데모크리토스 460~370년경, 압데라 출신. 윤리, 수학, 음악 관련 논문을 썼는데 그중 우주가 원자로 이루어졌다는 이론이 가장 유명하다.

드라콘 620년경 활동했으며 아테나이 최초의 법을 제정했다. 이 법은 훗날 (부적절하게도) '피로 썼다'고 믿어졌는데 범죄의 대부분 혹은 모두가 사형 대상이었기 때문이다.

디오니소스 포도주와 연극을 통한 환각과 환희의 신.

디오니시오스 1세 405~367년에 시라쿠사이의 참주였으며 그리스계 시칠리아를 카르타고의 지배로부터 지켜냈다. 플라톤의 후견인으로 아테나이 비극 경연에서 수상했다.

레오니다스 1세 스파르테의 공동 왕. 480년 테르모필라이에서 영웅적 죽음을 맞이했다.

리산드로스 395년 할리아르투스(보이오티아의 작은 도시)에서 사망. 스파르테의 해군 제독으로 펠로폰네소스 전쟁에서 승리하는 데 결정적 역할을 했으나 전후 정책에 있어서는 원래 사이가 좋았던 아게실라오스와 반목했다.

리시아스 케팔로스의 아들이자 시라쿠사이 출신 이민자로 기념비적인 '아테나이 옹변가' 10인 중 한 사람이었다. 30인 참주(용어사전 참조)에 대항해 적극적으로 민주정을 위해 싸웠음에도 불구하고 아테나이 시민이 아닌 메토이코이(용어사전 참조) 신분에 머물렀다.

리시포스 4세기, 시키온 출신. 알렉산드로스 조각상들을 제작한 것으로 유명한 다작의 조각가.

리쿠르고스 스파르테 출신. 스파르테의 군사, 사회, 정치 관련 법 주요 부분을 제정했다고 하는 신화적 존재이지만 이 법들은 성문화되지 않았다.

마우솔로스 그리스화된 카리아인. 377~353/2년에 페르시아 속주 카리아의 부총독을 지냈다. 이곳에 누이이자 아내가 그를 위해 그리스 조각가들이 장식한 원조 마우솔레움을 세웠다(스코파스 참조).

메난드로스 342~292년경, 신희극의 주요 작가이며 현실성 있는 등장인물로 유명했다. 테오프라스토스의 제자.

미론 5세기 중반 활동한 아테나이의 청동 조각가. (로마 시대 복제품으로 남아 있는) 〈원반 던지는 사람〉으로 유명하다.

밀티아데스 550~489년경, 트라키아 케르소네소스의 참주이자 페르시아의 가신이었으나 아테나이의 장군이 되어 마라톤 전투를 지휘했다.

바킬리데스 510~450년경, 케오스 출신. 시모니데스와 친척으로 승리 찬가나 디티람보스(용어사전 참조)를 지은 서정시인.

사포 7세기 말, 레스보스의 에레소스 출신. 시인이자 교사였으며 여성 간의 동성애를 다룬 내용으로 '레즈비언'이라는 단어를 탄생시켰다.

소크라테스 469~399년, 아테나이의 철학자. 비정통적 윤리와 종교관, 반민주주의적 정견으로 아리스토파네스의 희극 〈구름〉에서 풍자의 대상이되었다. 399년 불경죄로 고소, 사형되었다. 자신의 철학에 관해 직접 남긴 기록이 없다.

소포클레스 496~406년경, 아테나이의 비극 작가이자 한때 정치가였다. 123편의 극을 썼는데 그중 7편이 남아 있다(마지막 작품인 〈콜로누스의오이디푸스〉는 그의 사후 상연되었다).

솔론 594년 활동, 아테나이의 시인/정치가. 심각한 위기를 해결하기 위해 아르콘(용어사전 참조)으로 선출되었고 드라콘 법을 대신할 법을 통과시켰다.

스코파스 370~330년 활동, 대리석 산지인 파로스섬 출신이며 표현력 있는 조각으로 유명했다. 마우솔레움 건축을 맡았다.

시모니데스 556~468년경, 케오스 출신. 바킬리데스의 친척으로 찬가 가수. 마라톤 전몰자나 테르모필라이에서의 스파르테 전몰자를 위한 경구로 유명해졌다.

아가멤논 미케나이의 왕, 트로이 원정의 그리스군 총대장. 호메로스는 그를 양면적으로 묘사했다. 458년 아이스킬로스의 '오레스티아' 3부작 중 첫 작품의 주제는 아가멤논 살해였다.

아게실라오스 2세 400~360년경, 스파르테의 공동 왕. 한때 그리스 본토에서 가장 영향력 있는 인물 중 하나였으나 스파르테의 쇠퇴와 멸망을 함께했다.

아낙시만드로스 6세기 전반, 탈레스를 잇는 밀레토스의 자연철학자. 우주를 균형 잡힌 코스모스로 이해했다.

아르키메데스 287~212년경, (특히 수학 분야의) 발명가이자 천문학자. 고향 시라쿠사이를 위해 로마인들과 싸우다 사망했다.

아르테미스 아폴론의 쌍둥이 남매로 사냥과 야생의 여신. 소녀에서 성인 여성으로 성장하는 것과 연관되었다.

아리스토텔레스 384~322년, 그리스 북부의 스타게이라(Stageira) 출신, 플라톤의 제자. 마케도니아 왕 필리포스의 아버지를 담당한 궁정 의사의 아들로 알렉산드로스의 스승이 되었다. 335년경 자신의 학교인 리케이온을 설립했다. 500여 편의 작품 제목이 알려져 있으며 그중 생물학, 동물학, 정치학 등을 다루는 논문 30여 편이 현존한다.

아리스토파네스 445~385년경, 40편 이상의 희극을 썼고 이중 11편이 현존한다. 〈새〉를 비롯한 정치적 초기 희극의 아버지이자 〈부富〉를 비롯한 중기 희극의 창시자.

아리스티데스 525~467년경, 아테나이의 델로스 동맹국들에 조공을 책정(478/7년)하는 데 공정성을 부여했다고 하여 아테나이에서 '정의로운 자'라는 별명이 붙었다.

아스파시아 밀레토스 출신이지만 페리클레스의 파트너로 더 유명하다(혹은 악명 높다). 451년 페리클레스 자신이 제정한 시민권법에 따라 그와의 혼인이 제한되었다. 페리클레스와의 사이에 동명의 아들을 두었는데, 페리클레스가 적법한 혼인으로 낳은 두 아들이 대역병으로 사망하자 이 아들이 특별 시민권을 받았다.

아이스킬로스 525~456년경, 아테나이의 비극 작가. 90편의 작품을 썼다고 전해지나 7편만 남아 있다(〈결박된 프로메테우스〉가 그의 작품이 아니라면 6편이다).

아테나 올림포스의 여신으로 제우스의 머리에서 탄생했다고 한다. 전쟁과 기술의 여신이자 아테나이와 스파르테의 수호신.

아폴론 아르테미스의 쌍둥이 남매로 특히 델포이와 음악(을 비롯한 예술)과 연관된다. 식민시의 수호신.

안탈키다스 스파르테의 장군이자 외교관. 386년 페르시아와의 평화조약에 그의 이름이 붙여졌다(용어사전 '왕의 평화조약' 참조).

안티폰 아테나이의 과두주의 정치가이자 웅변가. 철학자였을 가능성도 있다. 411년 반민주정 반란의 주역이었으나 배반으로 처형당했다.

알렉산드로스대왕 356년 출생, 343년경 아리스토텔레스의 제자가 되었고 336~323년 재위했다. 아버지 필리포스 2세의 역할을 물려받고 페르시아 제국을 정복하자마자 바빌로니아에서 때 이른 죽음을 맞이하는 바람에 새로운 제국 체계를 다지지 못했다.

알키비아데스 450~404년경, 페리클레스의 피보호자이자 후계자 중 가장 뛰어난, 혹은 가장 다루기 힘든 인물로 알려졌다. 배신으로 명예 실추 후 복권했으나 다시 명예 실추를 겪는다.

에라토스테네스 275~195년경, 칼리마코스처럼 본래 키레네 출신이지만 알렉산드리아에서 유명세를 떨쳤다. 다방면에 재능을 갖춘 연대기 작가이자 문학 비평가, 지리학자.

에우리피데스 485~406년경, 비극 작가. 80여 편이었다고 전해지는 작품들 중 19편이 현존한다. 생존 당시에는 많은 희극 작가들에게 풍자되었지만 사후에는 위대한 비극 작가 3인 중 가장 사랑받는 인물이 되었다, 마케도니아의 수도 펠라에서 〈바쿠스의 여신도들〉을 집필하고 사망했다.

에우클레이데스 295년경(프톨레마이오스 1세 시기) 알렉산드리아에서 활동, 수학자이자 천문학자. 평면기하학, 정수론(整數論), 구적법(求積法) 등을 다룬 전 13권의 『원소』는 지금도 기본서로 여겨진다.

에파미논다스 362년 사망, 테바이의 장군이자 (피타고라스계) 철학자. 스파르테를 371년과 362년 두 차례 무찔러 메세네와 메갈로폴리스가 건설되게 한 것으로 유명하다.

에피알테스 461년 살해당함. 키몬의 적이자 462/1년 민주정 개혁의 주체, 이 개혁은 페리클레스를 통해 진행, 발전되었다.

익티노스 파르테논의 공동 설계자. 엘레우시스의 입회식 홀과 바사이의 아폴론 신전도 설계했다고 추정된다.

제우스 올림포스 신들(용어사전 참조)의 제왕. 헤라의 형제이자 남편. 하늘의 제왕이며 번개를 휘두르는 신. 수많은 애정관계에 연루되었다.

칼리마코스 3세기, 키레네 출신의 학자이자 시인. 알렉산드리아 왕립도서관 최초의 도서목록을 만들었다.

칼리스테네스 380~327년경, 올린토스(348년 필리포스에 정복당함) 출신. 아리스토텔레스의 친척이자 공동 저자이며 알렉산드로스의 공식 역사가였으나 배신 행위로 처형당했다.

칼리크라테스 파르테논의 공동 설계자. 아테나이 아크로폴리스에 있는 니케 신전도 설계했다.

크로이소스 '크로이소스만큼 부자'라는 속담이 전해질 정도로 부유했던 리디아의 왕. 560~546년경 재위. 에페소스(그는 이곳의 아르테미스 신전을 정비하기도 했다)를 비롯한 그리스 도시들을 친헬레니즘적으로 지배했다. 키루스 대왕에게 패배했다.

크리티아스 460~403년경, 플라톤의 손위 친척이며 30인 참주 중 친스파르테계 지도자. 운문과 산문으로 스파르테 찬가를 지었다.

크세노폰 428~354년경, 아테나이인으로 소크라테스의 보수적인 제자이자 사도. 친스파르테 성향의 부유한 군인으로 자서전을 남겼고 역사, 전기, 윤리, 로맨스, 기술에 관한 논문들을 썼다.

크세르크세스 페르시아의 대왕으로 486~465년 재위. 다리우스 1세의 아들이며 아버지를 이어 그리스 정복을 시도했으나 실패했다.

클레오파트라 7세 69~30년, 알렉산드로스의 정복 이후 이집트를 지배한 그레코-마케도니아계 프톨레마이오스 왕조의 마지막 여왕. 31년 악티움 해전에서 옥타비아누스/아우구스투스에게 안토니우스와 함께 패배한 뒤 자살했다.

클레온 페리클레스의 뒤를 이은 아테나이의 유명 정치가. (그 때문에 망명길에 올랐을) 투키디데스의 미움을 받았으며, 아리스토파네스도 (특히 424년 〈기사〉에서) 격렬하게 풍자했다.

클레이스테네스 565~505년경, 아테나이 귀족이자 시키온 참주의 외손자. 508/7년 아테나이 민주정을 창시했다.

키루스 2세 페르시아의 대왕으로 550~529년경 재위. 아카메네스 왕조를 창건했으며 바빌로니아에서 유대인들을 해방시켰다.

키몬 510~450년경, 마라톤 전투를 지휘한 밀티아데스 장군의 아들로 아테나이의 정치가이자 장군. 델로스 동맹 창설과 관련하여 대페르시아(공격적)와 대스파르테(평화적) 정책의 견해차로 페리클레스와 사이가 틀어졌다.

킬론 6세기 중반, 스파르테의 에포로스(용어사전 참조). 7현자 중 한 명으로 거론되기도 한다.

탈레스 625~547년경, 밀레토스 출신의 자연철학자이자 현인. 585년의 개기일식을 예견했다고 전해진다.

테미스토클레스 524~459년경, 아테나이의 해군 제독이자 정치인. 480~479년 대페르시아 저항의 지도자로 아테나이 해군력의 기초를 다졌다. 471년경 도편추방을 당했고 페르시아 대왕의 연금을 받으며 노년을 보냈다.

테오프라스토스 371~287년경, 에레소스 출신. 아리스토텔레스의 제자이자 후계자로 리케이온의 교장이었다. 계통식물학, 법과 관습, 성격에 관한 글을 썼다.

트라시불로스 389년 사망. 아테나이의 민주주의 정치인이자 해군 제독으로 30인 참주에 대한 저항을 이끌었다.

투키디데스 455~400년경. 역사가이자 장군. 424년에 암피폴리스를 지키지 못했다는 이유로 추방당했다. 아테나이-펠로폰네소스 전쟁사를 썼지만 끝맺지 못했다(431~411년만 다룸).

티몰레온 365~334년경. 코린토스인. 시킬리아에서 시라쿠사이 참주를 몰아내고 카르타고 군대를 패퇴시킨 것으로 유명세를 떨쳤다.

파르메니데스 515년경 출생. 이탈리아 남부 엘레아 출신('엘레아학파'를 만들었다). 자신의 일원론 철학을 긴 6보격 시로 남겼다.

(마그네시아의) 파우사니아스 서기 160~170년대 활동. 종교적 여행가이자 호고(好古)적 작가. 고전기 그리스에 관한 많은 이야기와 사실들을 10권의 『그리스 여행기』에 담았다.

페리클레스 495~429년경. 아테나이의 민주정 정치인이자 경제 전문가, 지휘관. 450~430년경 영향력을 지녔고 제국 건설 프로그램을 진행했다.

페이디아스 490~430년경. 아테나이의 조각가로 청동, 대리석 조각 외에도 금과 상아로 장식한 목조 등 다방면에 능했다. 숭배 신상 제작으로 유명하며 올림피아의 제우스 신상, 아테나이의 아테나 파르테노스를 제작한 것으로 알려졌다. 파르테논 건설을 진두지휘했을 가능성이 있다. 페리클레스와 친분이 있었으나 아테나 조각에 쓰일 금을 훔쳐서 명예를 잃었다고 전해진다.

페이시스트라토스 560~527년경 활동. 세 차례 아테나이의 참주가 되었다(가장 긴 기간은 545~527년). 호화로운 공공사업과 아테나이 중심의 종교·문화 행사들을 진행했다.

펠로피다스 410~364년경. 테바이의 정치가이자 지휘관. 성전 부대(용어 사전 참조)를 지휘하며 에파미논다스와 긴밀히 공조했다.

폴리클리토스 5세기 중반 활동. 아르고스 출신의 조각가로 미론의 동료 겸 제자.

프락시텔레스 370~330년 활동. 아테나이의 조각가로 대리석과 청동을 잘 다루었다. 최초로 나체의 아프로디테 숭배 신상을 만든 것과 매춘부 프리네('두꺼비')와의 관계로 악명 높았다.

프로타고라스 490~420년경. 압데라 출신의 '고대 소피스트'. 서문에 불가지론을 피력한 「신에 관하여」를 비롯하여 최소 두 편의 논문을 썼다. 민주주의자로 추정되며 445년경 투리의 첫 헌법을 쓴 것으로 보인다.

프리니코스 510~476년경 활동. 아테나이 비극의 선구자. 493년경 상연된 비극 〈밀레토스 함락〉이 아테나이인들에게 너무 큰 상심을 줬다는 이유로 거액의 벌금을 물었다.

프톨레마이오스 1세 367/6~283/2년경. 알렉산드로스의 '후계자'로서 이집트에 왕조를 개창하고 프톨레마이오스 왕국을 세웠다. 수도 알렉산드리아에 박물관과 도서관을 만든 것으로 추정되며 변명조의 역사 서술을 남겼다.

플라톤 427~347년경. 소크라테스의 제자이자 사도로 385년경 아카데미아를 창설했다. 제목이 알려진 작품들은 모두 남아 있는데 그중 몇몇

은 사실 다른 사람의 작품으로 밝혀졌다.

플루타르코스 서기 46~120년경, 카이로네이아 출신. 200편 이상의 작품을 지었는데 이중 '모랄리아' 78편과 전기(대부분 그리스인과 로마인을 다룬) 50편이 남아 있다.

피타고라스 530년 활동, 사모스 출신이나 크로톤에 망명하여 자리잡았다. 동물 희생제의를 기피하는 반(半)종교적 공동체를 창설했고 정수론과 천문학에 몰두했다.

피테아스 4세기 말, 마살리아 출신. 북유럽의 바다를 탐험하여 영국을 한 바퀴 돌고 아이슬란드까지 갔을 것으로 추정된다.

핀다로스 538~448년, 테바이의 찬가 가수. 각각 올림피아, 피티아(델포이), 이스미아, 네메아 제전의 승리자를 위해 4권의 승리 찬가를 지었다.

필리포스 2세 359~336년에 마케도니아를 지배했고 그리스 대부분을 정복했다. 페르시아 원정을 계획했으나 딸의 결혼식에서 살해당했다.

하르모디오스 아리스토게이톤의 에로메노스(그리스식 동성애에서 연하의 파트너)로 전해지며 그와 함께 아테나이 참주 히피아스의 동생을 살해했다. 이 두 사람은 아테나이 아고라에 영예를 기리는 조각상이 세워진 최초의 인물들이기도 하다.

헤라 제우스의 누이이자 아내. 인간의 결혼생활과 연관되며 아르고스의 수호신.

헤로도토스 484~425년경, 할리카르나소스 출신의 역사가로 망명중에 투리 시민이 되었다.

헤시오도스 700년경 활동, 교훈시인이며 『일과 나날』, 『신통기』의 저자.

(밀레토스의) 헤카타이오스 500년경 활동, 정치가이자 역사지리학자. 『세계여행기』의 저자로 헤로도토스에게 큰 영향을 주었다.

호메로스 이오니아의 여러 도시들이 자기네 출신이라고 주장하는 '눈먼 호메로스'가 8세기에 활동했는지 여부는 불확실하다. 오래된 구전에 자신의 이름을 붙여 두 편의 기념비적 서사시로 통합하고 발전시켰다.

히에론 1세 478~467년에 시라쿠사이의 참주였다. 겔론의 후계자로 474년 쿠마이에서 에트루리아인들을 격퇴했고 시모니데스와 핀다로스를 후견했다.

히포다모스 5세기, 밀레토스 출신의 도시 계획가이자 유토피아적 정치철학자. 페이라이에우스와 로도스를 '히포다모스식' 격자구획으로 새롭게 설계했다.

(코스의) 히포크라테스 460~380년경, 의학교를 세웠으며 「히포크라테스 선서」를 비롯한 60여 편의 논문을 썼다.

히피아스 (i) 아테나이 출신으로 아버지 페이시스트라토스를 이어 527~510년에 참주를 지냈다. (ii) 5세기 말, 엘리스 출신의 고대 소피스트이자 박식가. 최초의 올림피아드 날짜를 정한 것으로 유명하다.

용어사전

고전기 일반적으로 500년이나 480년부터 323년(알렉산드로스 사망)까지를 가리킨다.

과두정(oligoarchy) '부유한 소수(올리고이oligoi)'의 권력(아르케archê).

귀족정(aristocracy) 일명 '최고시민(아리스토이aristoi)'의 지배(크라토스 kratos).

그리스 알파벳 페니키아 알파벳에서 차용했으며 8세기경 모음이 추가되었다.

대(大)디오니시아 매년 아테나이에서 열린 디오니소스 제전. 비극, 희극, 사티로스극 경연이 열렸다.

데모스(dêmos) 사람, 시민, 평민.

데모스(deme) 구역, 구. 아테나이와 아티카의 마을. 총 139개였다.

델로스 동맹 478~404년 존재했던 아테나이 중심의 제국 동맹.

도리스인 그리스의 민족. (이오니아인처럼) 방언과 종교관습을 기준으로 구분된다. 중심 도시는 스파르테(그리고 크노소스, 미케나이, 아르고스, 시라쿠사이, 비잔티온)이다.

도편추방(오스트라키스모스) 아테나이에서 10년간 강제 퇴출당하는 제도. 항아리 파편(오스트라카)에 적어 낸 이름을 세어 결정한다.

드라크마 화폐 단위. 6오볼로스짜리 동전 '한 주먹'을 뜻한다.

디티람보스 제의적 노래. 7세기 말에 레스보스의 아리온이 만든 형식일 가능성이 있다. 디오니소스를 기리며 코러스가 불렀다.

라케다이몬 (i) 스파르테 폴리스의 공식 명칭. (ii) 스파르테의 영토, 약 3000제곱미터/8000제곱킬로미터

로고스 말, 웅변, 논리, 설명.

메디아인 이란인. 페르시아인과 연관되거나 혼동되었다.

'메디아화' 그리스의 이해를 위반하고 페르시아와 협력한 배반자를 칭하는 다소 부정확한 그리스식 용어.

메토이코이 영구 거주 외국인. 매달 인두세를 내야 했다.

미스타이 입회자들, 예를 들어 엘레우시스 비의에 입회한 사람들.

민주정(democracy) 문자 그대로 데모스(dêmos)의 권력(kratos).

민회(ecclêsia) 회의 참석자를 '불러냈기' 때문에 이렇게 불렸다(ecclêsia, '불러낸다'는 뜻). 훗날 기독교의 종교회의를 뜻하는 단어가 되었다. 영어 '교회의(ecclesiastical)'나 프랑스어 '교회(église)' 등의 어원이다.

사티로스극 코러스가 사티로스(디오니소스를 따르는 신화 속의 반인간 반염소)로 분장하는 풍자극. 아테나이에서 비극 작가들이 3부작에 의무적으로 추가해야 했다.

상고기 일반적으로 750~700년에서 500년(혹은 480년)까지를 가리킨다. 고전기보다 덜 완숙하다는 의미의 (아마도 부적절한) 용어이다.

성전 부대 378년 결성된 테바이의 300인 정예 보병부대. 150쌍의 동성 짝꿍으로 이루어졌다.

스타디온 달리기 경주의 단위. 약 200미터.

스타시스(stasis) '떨어져 서기', 정당, 내전.

식민 완전히 새로운 도시/정착지로의 이주와 건설을 칭하는 관례적인 (그러나 정확하지 않은) 용어. '식민 시기'는 750~550년경과 알렉산드로스 사후의 중동 및 중앙아시아 정착기를 가리킨다.

아고게 스파르테의 국가 교육체계.

아고라 시의 중심, 시장.

아르콘 시의 대표.

아테나이-펠로폰네소스 전쟁 아테나이와 스파르테가 각각 동맹군의 지원을 받아 한 세대 동안 지속한 전쟁(431~404년의 휴전 포함). 결국 스파르테가 페르시아의 원조로 완전한 승리를 거두었다.

아티카 아테나이의 영토. 약 1000제곱미터/2400제곱킬로미터.

아크로폴리스 '높은 도시', 성채.

암흑기 이 책에서는 1100~800년경 선사시대에서 초기 역사시대로의 전환기를 의미한다(그러나 '암흑'이란 상대적인 개념이므로 좀더 밝은 곳도, 좀더 어두운 곳도 있었다).

에포로스 스파르테의 최고위 공직. 5인으로 구성되었다. 매년 고함을 지르는 흥미로운 방식으로 의회에서 선출되었다. 스파르테의 특별한 교육체계인 아고게를 감독했다.

오볼로스 화폐 단위. '꼬챙이'를 뜻하는 오벨로스(obelos)에서 유래.

오이코스 집안, 확대가족, 노예, 가축, 그 밖의 재산을 포함하는 개념. (신전을 포함하여) 집을 뜻하기도 한다.

올림포스 신들 올림포스 산꼭대기에 사는 12명의 주요 남녀 신들. 제우스(인명사전 참조)가 수장이다.

올림피아 올림포스의 제우스 성소로 4년마다 제전이 열리는 장소였다. (엘리스의 히피아스에 따르면) 제전은 776년에 최초로 열렸다.

올림피아드 올림픽 제전이 열리는 4년을 주기로 시간을 재는 방법. (시킬리아의 타우로메니온 출신 티마이오스가 3세기경에 최초로 역사 인식 방법으로 사용했다.)

왕의 평화조약 386년에 맺어졌다. 페르시아의 아르타크세르크세스 2세가 맺었기 때문에 붙여진 이름이지만, 페르시아와 스파르테가 함께 계획한 조약이므로 스파르테의 안탈키다스(인명사전 참고) 이름을 빌려 '안탈키다스의 평화조약'이라고도 한다.

이교도(pagan) 라틴어 파가누스(paganus)는 농지에 사는 주민을 뜻한다. 기독교인들이 '도시인'이었기 때문에 이와 반대인 비기독교인을 부르는 이름이 되었다.

이오니아인 그리스의 민족. 아폴론의 아들 이온의 이름을 땄다. (도리스인처럼) 방언과 종교관습을 기준으로 구분되며 중심 도시는 아테나이(그리고 밀레토스와 마살리아)다.

인보동맹 델포이 성소와 피티아 제전을 관리하기 위해 선출된 그리스 중부 공동체들의(특히 테살리아의) 대표단. 스파르테는 '도리스계' 그리스인을 대표한다는 명분으로 영구 회원이 되었다.

주화 국가를 상징하는 문양을 찍은 정해진 무게의 값비싼 금속 화폐(금,

은, 금·은 합금). 비그리스계 리디아인들이 7세기 말에서 6세기 초에 발명했고 곧이어 밀레토스인과 같은 그리스인들이 들어온 것으로 보인다. '고대 그리스의 통화와 거리 단위' 참조.

중장보병 기원전 750~650년 그리스에서 나타난 새로운 형태의 보병 전투력.

집주(synoecism) '같이 살기'(오이코스 참조). 중앙집권화 공동체를 구성하기 위해 마을들을 통일하는 것.

참주 찬탈이나 힘으로 권력을 잡은 불법적 절대군주.

총독(satrap) 페르시아 제국 속주의 태수.

코러스 노래, 춤, 가수/무용수들(예를 들어 아테나이의 비극에는 12~15명의 코러스가 있었다).

코레고스 아테나이인 단장. 제전의 비극에서 코러스 비용을 지불하도록 선출된 부유한 시민.

코이네 '공동의' 언어. 아테나이 방언을 기반으로 알렉산드로스대왕 이후 발전된 범헬레네스 언어 형식.

탈란톤 무게와 화폐의 단위(6000드라크마). 바빌로니아에서 유래했다.

테르모필라이 '더운 문'. 그리스 중부의 북쪽 지역에 위치한 협곡. 480년 이곳에서 스파르테의 레오니다스가 군대를 이끌고 페르시아의 육로 공격에 영웅적으로 저항했으나 실패했다.

테바이 보이오티아 제1의 도시.

페르시아 제국 550년경 키루스가 창건했으나 330년 알렉산드로스에게 정복당했다.

펠로폰네소스 '펠로프스의 섬'. 코린토스 지협으로 그리스 중부와 연결된 땅덩어리.

펠로폰네소스 전쟁 아테나이-펠로폰네소스 전쟁 참조.

폴리스 도시(국가, 도심), 시민국가. 대개 코라(농지, 주변 영토)와 연관되었다. 폴리테이아(politeia: 시민권, 정치 제도)가 이 말에서 연원했다.

플라타이아 아티카와 경계한 보이오티아의 작은 마을. 479년 페르시아와의 결정적 육상전이 펼쳐졌다.

피티아 델포이에서 아폴론의 신탁을 받는 여사제.

헤일로테스 스파르테에 노예화된 그리스 라코니아와 메세니아의 원주민.

헬레니즘기 일반적으로 알렉산드로스 사후(323년)에서 클레오파트라 사망(30년)까지를 일컫는다. '헬레닉(Hellenic, 그리스의)'과는 다른 개념이다.

희극 노래를 부르고 흥청대는 공연. 486년 대(大)디오니시아에서 공식적인 극의 형태로 도입되었다.

히브리스 나쁜 의도로 다른 사람의 지위를 침해하는 것.

3단노선 3단으로 이루어진 노 젓는 전함. 노꾼 170명을 필요로 한다.

7현자 일곱 명의 현자들을 가리킨다. 킬론, 솔론, 탈레스는 항상 포함되나 나머지는 다양하다.

30인 참주 극단적 과두주의자들이 직접 지명하여 구성한 권력(dunasteia). 크리티아스가 주동하여 404~403년에 아테나이를 지배했고 1000명 가까운 사람들을 죽였다. 트라시불로스가 이끈 민주주의자들에게 패배했다.

역자 후기

폴 카틀리지는 1979년부터 현재까지 영국 케임브리지 대학의 클레어 칼리지 소속 교수이자 고대 그리스의 고고학과 역사학을 아우르는 권위자다. 그는 스파르테의 고고학에 대한 논문으로 박사학위를 받았지만 오랜 기간에 걸쳐 전공 분야를 확대하였다. 1991년에는 아테나이의 법과 정치, 사회에 대한 책을, 2002년에는 고전기 아테나이의 질서, 분쟁, 공동체에 대한 책을 출판했다. 나아가 2004년의 저서에서 알렉산드로스에 관한 새로운 시각을 제공하였고, 2009년 그의 중요한 업적이 된『고대 그리스 정치사상의 실제Ancient Greek Political Thought in Practice』를 썼다. 2016년에는 고대 서구 세계로부터 현대에 이르는 방대한 민주주의의 역사를『민주주의

전Democracy: A Life』이라는 한 권의 책으로 정리하였다. 이러한 그의 연구 경향으로 볼 때, 청동기시대부터 비잔티움 제국에 이르는 긴 시간에 걸쳐 다양한 문화를 지닌 도시국가들의 이야기를 다루는 그리스 역사를 짧은 입문서에 담기에 이보다 더 적합한 인물이 없을 것으로 보인다. 그는 오랜 연구를 바탕으로 그리스 역사를 간결하게 소개할 가장 좋은 방법을 찾았는데, 바로 11개의 주요 도시를 중심으로 하는 것이었다. 이는 매우 탁월한 방식이었다. 도시를 중심으로 한다면 지형도에만 매몰되지 않을까 염려될 수 있지만 사실 그렇지 않다. 각 시대마다 두드러지게 활약했던 도시가 있기 때문이다. 저자는 이를 염두에 두고 장을 구성한 것으로 보인다. 각 장의 제목은 도시의 이름일 뿐이지만 전체적으로 보면 연대기적 서술이 되었기 때문이다. 이는 지형도에 약한 현대의 학생들에게 도시의 위치도 알게 해주고, 각 시대별로 어떤 도시가 조명을 받았는지 연대기적 이해도 가능하게 하는 일석이조 효과를 낸다.

하지만 한 가지 특징이 가독성을 떨어뜨릴 수 있다. 바로 저자 특유의 유머감각이다. 저자는 그리스 역사를 아주 잘 알기 때문에 덧붙일 수 있는 유머를 곳곳에서 시도한다. 물론 역사를 잘 아는 사람이라면(그리고 유쾌한 사람이라면!) 참기 힘든 것이 사실이다. 그리고 분명 독서에 즐거움을 주는 면도 있다.

그러나 그는 필요한 거의 모든 곳에 잊지 않고 괄호나 하이픈을 이용하여 흥미로운 정보를 덧붙인다. 역자는 이 부분을 가독성을 해치지 않는 선에서 최대한 직역하려고 노력했다. 하지만 폴 카틀리지식의 유머를 덧붙이자면, 성공했는지는 모르겠다.

　마지막으로, 그리스 역사를 서구 언어에서 한국어로 번역하는 데 있어 부연 설명할 점이 있다. 서구의 그리스 연구는 역사가 오래되었기 때문에 그리스어 고유명사마다 각각의 언어로 된 이름이 있다. 영어를 예로 들면 '아폴론'을 '아폴로'라고 한다든가 '알렉산드로스'를 '알렉산더'라고 하는 것이다. 이런 부분을 번역할 때 역자는 고대 그리스어 고유명사를 그대로 음차하는 방식을 이용하였다. 이는 한국 연구자들의 공통된 경향이기도 하다. 영어식의 일반적인 철자법은 고대 그리스어의 철자법과 다른 부분이 있는데, 특히 라틴어의 영향 때문에 그러하다. '-eion'이 '-eum'으로 표기된다든지, 'ai'가 'ae'로 표기되는 경우가 이에 속한다. '-os'보다 '-us'를 선호하고 'k'보다 'c'를 선호하는 것 역시 마찬가지이다. 또한 현대 표기 관행의 영향을 받은 경우도 있는데, 'u'를 'y'로 표기하는 경우이다. 그러나 이는 학자들 사이에서 일관성이 있는 관행이 결코 아니며, 한 학자의 글 내에서도 일관성이 유지되지 않는 경우가 있을 정도이다. 특히 영어만이 아닌 프랑스어, 독일어, 이탈리아어 등 다양한 언어로 연구되는 학문이므로 그리스어 고유명사의 표기란 실로 복잡한 일이 아닐 수 없다. 한글의 경우 이러한 전통으로부터 자유로울 수 있으므로 고대 그리스어를 그대로 음차해서 사용할 수 있다는 장점이 있다. 역자는 최대한 고대 그리스어 음차에 충실을 기하려고 했으며, 아티케 방언을 따랐다(그래서 도리스계 방언인 '스파르타'는 '스파르테'로 표기했다). 다만 'u'는 현대 그리스어와 같이 'i' 소리가 난다고 보았다.

독서안내

이 책의 독서안내에는 한국어 문헌이 없기 때문에 한국 독자들의 흥미를 이끌어줄 한국어 문헌을 소개한다.

1차 사료

많은 양의 1차 사료가 번역되어 있다(천병희 역). 문장이 자연스럽고 원문으로부터 직접 번역한 경우도 많아 대중이 읽기에도 좋고 연구자에게도 유익하다. 호메로스의 『일리아스』와 『오디세이아』, 헤시오도스의 『신통기』와 『신들의 계보』, 헤로도토스의 『역사』, 투키디데스의 『펠로폰네소스 전쟁사』, 에우리피데스, 아이스킬로스, 소포클레스의 비극, 아리스토파네스의 희극, 아리스토텔레스의 『정치학』과

『니코마코스 윤리학』, 플라톤의 『이온/크라튈로스』, 『정치가 소피스트』, 『고르기아스, 프로타고라스』, 『파이드로스, 메논』, 『국가』, 메난드로스의 희극 등이 있다.

크세노폰의 『헬레니카』와 『그리스의 역사』도 기원전 4세기의 아테나이를 포함한 그리스를 이해하는 데 도움이 될 것이다(최자영 역).

헤로도토스의 『역사』는 오랜 시간 공을 들인 헤로도토스 전문가의 책이다(김봉철 역).

2차 사료

아직 국내 학계의 그리스 역사연구는 발전 단계에 있으므로, 이 책에서 다룬 모든 도시에 관한 참고도서를 소개하기는 어렵다. 번역서와 국내 저서를 골고루 소개한다.

개론서

앤토니 앤드류스, 김경현 역, 『고대 그리스사』(이론과실천, 1991).

윌리엄 포레스트, 김봉철 역, 『그리스 민주정의 탄생과 발전』(한울아카데미, 2001).

토머스 마틴, 이종인 역, 『고대 그리스사』(책과함께, 2015).

클로드 모세, 김덕희 역, 『고대 그리스의 시민』(동문선, 2002).

김진경, 『고대 그리스의 영광과 몰락』(안티쿠스, 2009).

그리스 문화

로베르 플라실리에르, 심현정 역, 『고대 그리스의 일상생활』(우물이있는집, 2004).

이디스 해밀턴, 이지은 역, 『고대 그리스인의 생각과 힘』(까치, 2009).

아테나이

김봉철, 『영원한 문화도시 아테네』(청년사, 2002).

장영란, 『아테네(영원한 신들의 도시)』(살림, 2004).

니콜라스 세쿤다, 정은비 역, 『마라톤 BC 490』(플래닛미디어, 2007).

배리 스트라우스, 이순호 역, 『살라미스 해전: 세계의 역사를 바꾼 전쟁』(갈라파고스, 2006).

스파르테

윤진, 『스파르타인 스파르타 역사』(신서원, 2002).

폴 카틀리지, 이은숙 역, 『스파르타 이야기(신화로 남은 전사들의 역사)』(어크로스, 2011).

알렉산드로스대왕

폴 카틀리지, 『알렉산더(위대한 정복자)』(을유문화사, 2004).

도판 목록

1. 미케나이의 성채 042

C. Gere, *Tomb of Agamemnon*, 2006. © Profile books

2. 아르고스의 헤라 성소 056

Mee and Spawforth, *Greece*, 2001. © Oxford University Press

3. 마살리아의 빅스 크라테르 087

샤티용쉬르센(Châtillon-sur-Seine) 고고학박물관 © ARJ/Photo12.com

4. 스파르테 지도 096

Mee and Spawforth, *Greece*, 2001. © Oxford University Press

5. 아테나이의 아크로폴리스 118

Mee and Spawforth, *Greece*, 2001. © Oxford University Press

6. 아테나이의 페이라이에우스 항구 지도 121

Mee and Spawforth, *Greece*, 2001. © Oxford University Press

7. 테바이의 카이로네이아 사자상 166

© Hirmer Fotoarchiv

8. 올림피아 모형 221

Deutsches Archaeologisches Institut, 아테나이

9. 올림피아 지도 223

Mee and Spawforth, *Greece*, 2001. © Oxford University Press

10. 델포이의 아폴론 성소 지도 226~227

Mee and Spawforth, *Greece*, 2001. © Oxford University Press

11. 비잔티온의 히포드로모스(뱀 기둥) 231

© Gérard Degeorge/akg-images

지도 목록

1. 그리스와 에게해 012~013

Boardman, Griffin, and Murray (eds.), *The Oxford Illustrated History of Greece and the Hellenistic World*, 2001. © Oxford University Press

2. 청동기시대 크레테 029

수정 허가받음. Warren, P. M., 'Minoan Palaces,' *Scientific American*, 253, 1985. ©1985. Scientific American, Inc.

3. 그리스의 식민시 068~069

Boardman, Griffin, and Murray (eds.), *The Illustrated History of Greece and the Hellenistic World*, 2001. © Oxford University Press

4. 아테나이 제국 129

Boardman, Griffin, and Murray (eds.), *The Oxford Illustrated History of Greece and the Hellenistic World*, 2001. © Oxford University Press

5. 알렉산드로스의 전투와 여정 172~173

Boardman, Griffin, and Murray (eds.), *The Oxford Illustrated History of Greece and the Hellenistic World*, 2001. © Oxford University Press

6. 헬레니즘 세계 188~189

Boardman, Griffin, and Murray (eds.), *The Oxford Illustrated History of Greece and the Hellenistic World*, 2001. © Oxford University Press

고대 그리스
ANCIENT GREECE

1판 1쇄 발행 2019년 7월 15일
1판 2쇄 발행 2021년 9월 27일

지은이 폴 카틀리지
옮긴이 이상덕
펴낸이 신정민
편집 최연희 신소희 김승주
디자인 강혜림
저작권 김지영 이영은 김하림
마케팅 정민호 김경환
홍보 김희숙 함유지 김현지
　　　이소정 이미희 박지원
제작 강신은 김동욱 임현식

제작처 한영문화사(인쇄) 한영제책사(제본)
펴낸곳 (주)교유당
출판등록 2019년 5월 24일
　　　제406-2019-000052호
주소 10881 경기도 파주시 회동길 210
문의전화 031) 955-8891(마케팅)
　　　031) 955-2680(편집)
팩스 031) 955-8855
전자우편 gyoyudang@munhak.com
ISBN 979-11-967230-3-3 03920

• 이 도서의 국립중앙도서관 출판예정도서목록(CIP)은
　서지정보유통지원시스템 홈페이지(http://seoji.nl.go.kr)와
　국가자료공동목록시스템(http://www.nl.go.kr/kolisnet)에서 이용하실 수 있습니다.
　(CIP제어번호: CIP2019025148)